Albert Tenne

Kriegsschiffe zu den Zeiten der alten Griechen und Römer

Albert Tenne

Kriegsschiffe zu den Zeiten der alten Griechen und Römer

ISBN/EAN: 9783955640590

Auflage: 1

Erscheinungsjahr: 2013

Erscheinungsort: Bremen, Deutschland

@ EHV-History in Access Verlag GmbH, Fahrenheitstr. 1, 28359 Bremen. Alle Rechte beim Verlag und bei den jeweiligen Lizenzgebern.

Kriegsschiffe
zu den Zeiten der alten Griechen und Römer.

Von

A. Tenne,

Ingenieur, Geheimer Gewerberat a. D., in Oldenburg.

Druck und Verlag von Gerhard Stalling, Oldenburg.
Verlag des Deutschen Offizierblattes.
Gründungsjahr der Firma 1789.

Inhalt.

	Seite
Einleitung	5
I. Grundzüge der elementaren Rudertheorie	9
1. Die Fortbewegung eines Schiffes durch Ruder	9
2. Geschwindigkeit der Ruder-Kriegsschiffe	12
3. Berechnung der Zahl der Ruderleute in einer attischen Triere	15
II. Das Rudern und Segeln	20
III. Die Kriegskunst der Seeleute	24
IV. Die attische Triere	31
1. Die Entstehung ihrer Bauart	31
2. Der Thranos	33
3. Die Parodos	35
4. Die Steven, vorn und hinten	35
5. Der Schiffsschnabel	36
6. Das Auge	37
7. Das Verdeck	38
8. Die Umgürtung	40
9. Das Proembolion	41
10. Ruder der Thraniten und Zygiten	42
11. Perineo-Ruder	45
12. Das Gehänge der Thraniten- und Zygiten-Ruder	48
13. Thalamiten-Ruder und das Astoma	51
14. Das Steuerruder	53
15. Reliefbild einer attischen Triere und die Rekonstruktion dazu	54
16. Hauptmaße der attischen Triere	57
V. Die attische Tetrere	61
VI. Die Pentere trierischer Bauart	65
VII. Hexeren und Hepteren trierischer Bauart	68
VIII. Übergang zu dem liburnischen Schiffbautypus	69
IX. Die punische Tetrere	71
X. Die Pentere liburnischer Bauart	72
XI. Die Hexere liburnischer Bauart	72
XII. Ungewöhnlich große Schiffe	75
XIII. Die Scholiasten	75
8 Blätter Zeichnungen	—

Einleitung.

In dem Jahre 1864 ist in Berlin eine Abhandlung von R. Graser erschienen, die er „De veterum re navali" benannt hat. In diesem Gewande des klassischen Altertumes hat das Grasersche Werk bis auf den heutigen Tag Beachtung gefunden, obgleich es bei näherer Prüfung fast nichts von dem enthält, was seine Überschrift sagt! — Niemals können Einrichtungen dauernden Bestand gehabt haben, die sich im Gegensatz mit den einfachsten Regeln der Naturlehre befinden, deshalb können niemals schwimmende Schiffe, Ruderleute, Ruder und Steuerruder so gewesen sein, wie sie, nicht aus der Geschichte und Technik, sondern lediglich aus der Phantasie des genannten Verfassers hervorgegangen sind und danach leider immer noch in den meisten Lehrbüchern der Geschichte beschrieben sind. — Ein solches Vertrauen auf wissenschaftlichen Wert, wie es von vielen Schriftstellern den Graserschen Ideen entgegengebracht ist, würde wohl im Jahre 1890 nach der Veröffentlichung eines Werkes „Die attische Triere von Josef Kopecky", obgleich es in einer falschen Konstruktion sein Ziel auch verfehlt hat, ein Ende erreicht und zum Besseren sich gewendet haben, wenn nicht ein Jahr früher A. Breusing in Bremen mit einer absonderlichen Behauptung den Graserschen Ideen entgegengetreten wäre. Unter der Überschrift „Das Trierenrätsel" überraschte er mit der Erklärung, daß Schiffe mit Rudern von ungleicher Länge, so wie man sich nach Graser gedacht habe, niemals im Gebrauch gewesen sein könnten, weil man mit solchen Rudern nicht „Schlag halten" könne. Das hat man ihm stillschweigend geglaubt, denn ein Mann in der Seestadt Bremen mußte darüber wohl unterrichtet sein. Daß er sich aber in dieser

Hinsicht geirrt hat, ist halbwegs zu entschuldigen, weil man in der heutigen Praxis nur noch Boote mit Rudern von einer und derselben Länge verwendet, wobei die Art des Ruderns in einer Triere unserem Gesichtskreise entzogen ist. Breusing hat anscheinend die elementare, physikalische Grundregel, auf der jede Rudertheorie beruht, nicht gekannt, deshalb mußte er bei der Lösung seines Trieren-Rätsels auf ein technisch wie auch geschichtlich unhaltbares Ergebnis verfallen. (In seiner Verstimmtheit oder Verlegenheit schilt er auf den Geschichtsschreiber Livius.) — Ein anderer Trierenschriftsteller, der sich von der Richtigkeit der Breusingschen Behauptung über das „Schlaghalten mit Rudern" überzeugt hält: „Lotar Weber in Danzig", hat zwar das verfehlte Ergebnis Breusings erkannt, meint aber den rechten Schlüssel dazu gefunden zu haben, indem er auf die Idee verfallen ist, eine fachmännische Sprache der altgriechischen Seeleute entdeckt zu haben, und, ohne Nachweisungen, die mehr als dreiste Behauptung seiner „Lösung des Trierenrätsels" vorangestellt hat, daß ἄνω und κάτω „nautisch" nicht oben und unten, sondern hinten und vorn bedeute. — Damit hat er sich in geschichtliche Widersprüche verwickelt, die er umzugestalten oder umzustürzen versucht, ohne auch nur zu ahnen, daß ihn Breusing verleitet hat, vom Anfang an einen Irrweg zu verfolgen.

Von der Lösung eines Rätsels kann bei dem Rekonstruieren einer Triere überhaupt keine Rede sein. Nichts liegt rätselhaft in dem Schiffbauwesen der Alten. Die Geschichte enthält darüber zahlreiche Merkzeichen. Diese und die ewig unverändert bestehenden Naturgesetze mit den Regeln der Technik sind sichere Lenker zur Erkenntnis des Gesuchten.

Mehrere Trierenforscher haben sich fast nur mit Wortklauberei befaßt und haben nicht selten, in die Ferne greifend, den nächstliegenden natürlichen Sinn eines Wortes übersehen (Böckh). Es sind auch Handskizzen angefertigt, die sich aber meistens ganz anders gestalten, wenn man Konstruktionszeichnungen mit Maßstab, Zirkel und Dreieck herstellt. Dazu stehen uns geschichtlich festgelegte und auch von der Natur gegebene Maßverhältnisse zur Verfügung und noch andere, die sich daraus beim Konstruieren mit mathematischer Notwendigkeit ergeben. Besonders sind es die vor wie nach unveränderten Maßverhältnisse des menschlichen Gliederbaus, welche bei der Konstruktion der alten Ruderschiffe durchaus nicht unbeachtet bleiben dürfen, aber auch maßstäblich gezeichnet werden müssen.

Man sollte die unbegründete Geringschätzung über die Leistungsfähigkeit der Baumeister des Altertums fallen lassen; als ob sie, wie Laien unserer Zeit, nur empirisch gehandelt und doch ihre Meisterwerke der Technik erreicht hätten. Vielmehr ist anzunehmen, daß sie erfindungsreicher als die Schiffbauer des Mittelalters gewesen sind und ihre Konstruktionen nach sorgsam ermittelten Maßen gezeichnet haben. — Danach könnte man vermuten, daß unweit der vielen noch bekannten Werftplätze der Hellenen und Römer Steinplatten mit solchen Schiffbauzeichnungen aufzufinden seien. Das ist aber kaum anzunehmen, weil man die gedachten Steinplatten durch Abschleifen immer wieder zu gleichem Zwecke verwendbar machen konnte und weil kantig bearbeitete Steine zu allen Zeiten gesuchte Baustücke waren. — Das zeigen die Umstände, unter denen die jetzt wertvollen Platten von blauem piräischen Marmor mit den Inventar-Verzeichnissen der Kriegsschiffe des attischen Staates gefunden sind. Sie sind in dem Jahre 1834 in Piräus bei dem Abbruch eines Hauses, in dem sie als Deckplatten einer Wasserrinne vermauert waren, zufällig entdeckt worden. (Böckh, Staatshaushalt der Athener, Band III, Vorerinnerungen.)

I. Kurzgefaßte Grundzüge der elementaren Rudertheorie und ihre Anwendung auf die Ruderschiffe im Altertum.

1. Die Fortbewegung eines Schiffes durch Ruder.

Denkt man sich vorläufig, das Wasser sei eine gegen den Druck des Ruders nicht ausweichende Masse — unter Vorbehalt eines nachher einzustellenden Reduktionskoeffizienten — so wird der Punkt C des Ruderendes (in Blatt 1 Fig. I) als ein im Wasser festliegender Drehpunkt anzusehen sein. — Während der Ruderer an dem Griffpunkte B das Ruder von B nach B_1 bewegt, muß sich der Punkt A am Dollen und damit das ganze Schiff von A nach A_1 vorwärts bewegen. Es ist daher AA_1 der Weg des Schiffes bei je einem Ruderschlag. — Wegen Kongruenz der Dreiecke AC_1C und ACA_1 ist $AA_1 = C_1C$. Ferner besteht, wegen der Ähnlichkeit der Dreiecke BAB_1 und AC_1C, die Gleichung:

$C_1C : BB_1 = AC : AB$ oder $AA_1 : BB_1 = AC : AB$.

Die Länge der Fortbewegung des Schiffes bei einem Ruderschlag ist hiernach:

$$AA_1 = \frac{AC}{AB} \cdot BB_1.$$

Die Länge BB_1 ist das Maß, um welches der Ruderer das Ruder am Griff bewegt, es ist durch den Gliederbau des Menschen festgelegt und ist daher — mag das Ruder lang oder kurz sein — ein unveränderliches Maß. AC und AB sind die zwei der Veränderung unterliegenden Längen des Ruders außenbords bzw. innenschiffs. — Hiernach ist aus der obigen Gleichung zu erkennen, daß die Fortbewegung AA_1 des Schiffes in dem Maße sich vergrößert, wie das außen befindliche Ruderende AC vergrößert wird und daß diese Fortbewegungslänge des Schiffes sich verkleinert, wenn das innen befindliche Ruderende vergrößert wird.

Da diese natürliche Regel jedem bekannt ist, der Ruder in einem Boote gehandhabt oder darüber einmal nachgedacht hat, so könnte man fragen, warum ich mich an dieser Stelle in solcher Breite darüber geäußert habe. Ich meinte das ausdrücklich hervorheben zu müssen, weil mehrere Schriftsteller bei ihren Erläuterungen oder Abhandlungen über die bauliche Einrichtung der Triere diese Regel auf den Kopf gestellt haben, indem sie vertrauensvoll einer falsch oder unganz niedergeschriebenen Lehre des Aristoteles gefolgt sind. In den Schriften desselben (Mechan. V) befindet sich der folgende Satz in möglichst wörtlich gehaltener Übersetzung: „In der Mitte des Schiffes ist der größte Teil des Rudergriffs innen, denn das Schiff ist da am breitesten, so daß nach beiden Seiten der größere Teil des Rudergriffs an jeder Schiffswand innerhalb des Schiffes sein kann. — — Am meisten aber zerteilt [das Ruder das Wasser] da, wo der größte Teil des Rudergriffs vom Dollen entfernt ist. Deshalb bewegen die mittschiffs Rudernden [das Schiff] am meisten fort, denn in der Mitte des Schiffs ist ja der von den Dollen entfernte, innen befindliche Teil [des Ruders] am größten."

Dazu hat Galenos, ein Arzt, welcher um 150 n. Chr. in Rom gelebt hat (De usu partium corporis humani I. 24) geschrieben: „Wie ich glaube, ausgreifen bei den Trieren auch die Enden der Ruder gleichweit, obgleich nicht alle gleichlang sind, daher macht man auch dort aus diesem Grunde die mittleren [Ruder] am längsten."

Das hat wiederum einer unserer Sprachgelehrten, A. Böckh, mißverstanden, indem er sich gedacht hat, Galenos habe mit „ausgreifen der Ruder" den Abstand derselben von der Schiffswand gemeint. Da das aber in der Ausführung zu einer ganz unvernünftigen Anordnung der Ruder führen würde, versteht jeder Sachkundige die Äußerung des Galenos anders. Er hat damit kurz begreiflich machen wollen, daß alle zusammen gebrauchten Ruder, ob lang oder kurz, im Wasser gleich ausgreifen müssen, und daß dieses unumstößliche technische Gesetz mit der oben wörtlich aufgeführten Belehrung des Aristoteles völlig im Widerspruch steht. Böckh folgt aber, im guten Glauben an Aristoteles (oder an das inkorrekte Manuskript eines seiner Schüler) solchen Irrlehren, was ihn zu ganz unrichtigen Erläuterungen über Trieren und deren Ruder (Staatshaushalt der Athener, Band III) Anlaß gegeben hat.

Ich werde nachher noch unter der Überschrift „V. Attische Tetrere" die Äußerung des Aristoteles zu erklären versuchen.

Wenn mehrere Ruderer auf Bänken in verschiedenen Höhenlagen über dem Wasser in einem Schiffe zusammen rudern sollen, muß in der Konstruktion der Ruder und des Schiffes vorgesehen sein, daß die Kraftleistungen aller Ruderer in gleichem Maße und ohne erhebliche Arbeitsverluste auf den Gang des Schiffes als Nutzleistung übertragen werden. Es ist dabei als völlig ausgeschlossen zu erachten, daß ein Ruderer mit einem längeren Rudergriff — wie man solche nach Aristoteles in der Mitte des Schiffes sich gedacht hat — mehr zu dem Fortgange des Schiffes beitrage, als ein anderer Ruderer mit einem kürzeren Rudergriff. Eine solche Anordnung wäre als verfehlt zu verwerfen; sie kann deshalb niemals Verwendung gefunden haben und ist bei den Trieren einfach als Unmöglichkeit anzusehen. — Alle Ruderer **müssen miteinander — wie man zu sagen pflegt — Schlag halten. Das bedeutet: sie müssen ihre zu gleicher Zeit in das Wasser eingetauchten Ruderenden in jeder Zeiteinheit gleiche Weglängen im Wasser sich bewegen lassen.** — Galenos hat das mit dem Satze erklärt: „Die Ruderenden greifen alle gleichweit aus."

Die Bewegungslänge am Griffende des Ruders ist eine unveränderliche Größe, sie hat dasjenige Maß, um welches ein sitzender Ruderer von normaler Mannesgröße die Hände am Ruder vor- und zurück zu bewegen vermag. Aber auch das andere Ende des Ruders soll, der obigen Bedingung entsprechend, sich um ein bei allen Rudern gleiches unveränderliches Maß bewegen. — Zu der Figur 2 Blatt 1 bestehen demzufolge die nachstehenden Gleichungen mit der Voraussetzung: a und b sind bei allen Rudern von verschiedenen Längen gleich groß.

$a : b = x_1 : y_1$ und auch:
$a : b = x_2 : y_2$ daraus folgt:
$x_1 : y_1 = x_2 : y_2$ was zu beweisen war.

Was hiermit für zwei Ruder von verschiedenen Längen bestimmt ist, gilt selbstverständlich auch für mehrere Ruder mit mehreren untereinander verschiedenen Längen. Mit allen zusammen kann man Schlag halten, was Breusing in Bremen und nach ihm Weber in Danzig bestritten haben. Es muß nur die folgende Bauregel, gemäß der obigen Entwickelung, befolgt werden:

Die Ruder von verschiedenen Längen in den Trieren und in den sonstigen mehrreihigen Ruderschiffen mußten durch ihre Lagerstellen an den Dollen in die inneren und äußeren Längen nach einem und demselben Zahlenverhältnis eingeteilt werden.

Allen Seeleuten und Werftarbeitern des Altertumes mußte die vorstehende Regel (sagen wir: Trieren-Regel) so bekannt sein, daß sie kaum darüber nachzudenken brauchten. Uns ist sie, in den außer der Technik liegenden Kreisen, nicht allgemein bekannt geblieben, wie unsere, bis jetzt völlig falsch entwickelte Trierenliteratur zeigt.

2. Die Geschwindigkeit der Ruderkriegsschiffe, wenn sie nur durch Ruder getrieben werden.

Anfangs habe ich das Wasser, zwecks Hervorhebung des Grundbegriffs der Rudertheorie mit Rudern von verschiedenen Längen, als eine vor dem Ruderblatt nicht ausweichende Masse angenommen. Diese Eigenschaft hat es, obgleich es fast unelastisch ist, bekanntlich nicht. Deshalb wird für die Bestimmung der Fortbewegungsgeschwindigkeit eines Ruderschiffs eine Reduktion der Ausgreiflänge des Ruders (C_1C in Fig. 1, Blatt 1) auf den nutzbaren Teil derselben nötig. Man nennt in der Praxis das Maß, welches im Wasser von oben gedachter Länge unvermeidlich verloren wird, den Slip. Dieser soll mit 10 Prozent oder 0,1 der Weglänge des Ruderblatts im Wasser angerechnet werden, was in Anbetracht der geringen Geschwindigkeit des Ruders und unter der Voraussetzung einer kunstgerechten Behandlung desselben zutreffend ist. — Wird die nur durch Ruder erzeugte Geschwindigkeit des Schiffes V genannt, die Geschwindigan dem Mittelpunkte des Ruderhandgriffs v und die Verhältniszahl, welche sich aus der Ruderlänge außenschiffs geteilt durch die Ruderlänge innenschiffs ergibt, n, so läßt sich die Schiffsgeschwindigkeit nach der Gleichung $V = 0{,}9 \cdot v \cdot n$ berechnen. — Genau genommen ist hierin V nur die Geschwindigkeit des Schiffes während der Zeit der Ruderwirkung im Wasser, zwischen je zwei Ruderschlägen tritt jedesmal ein etwas verzögerter Fortgang ein. Das macht sich allerdings bei kleinen und leichten Ruderbooten bemerkbar, bei großen von der Schwere einer Triere bewirkt das Beharrungsvermögen der in Bewegung befindlichen Massen einen fast gleichmäßigen Gang des Schiffes. — Um mit der obigen Formel die Geschwindigkeit V des Ruderschiffes berechnen zu können, muß die mit v bezeichnete Geschwindigkeit der Bewegung eines Mannes am Rudergriff bekannt sein. Diese ist — nach meinen an Rudern unternommenen Messungen — 0,87 Meter in einer Sekunde. — Der Faktor n in der Formel wird kurz das Hebelübersetzungsverhältnis genannt, welches bei den großen mehrreihigen Ruderschiffen ein zweifaches, $n = 2$, gewesen sein muß. Das gibt auch die Querschnittszeichnung zu dem Reliefbilde einer Triere von der Akropolis zu Athen zweifellos zu erkennen. — Bei kleineren einreihig gebauten Ruderschiffen, wie die sog. Pentekontoren und Liburnen, konnten Ruder mit zweieinhalb- und dreifacher Hebelübersetzung angewendet werden, deshalb haben die Geschichtsschreiber der Alten mehrfach Gelegenheit genommen, die große Geschwindigkeit der letztgenannten Schiffe besonders hervorzuheben. Nicht selten wird auch in alten Schriften über „schnelle Trieren" im Gegensatz zu sonstigen Trieren berichtet. Ich habe dazu nicht ausfindig machen können, worauf diese herausgehobene Bezeichnung begründet ist, meine aber, daß sie sich auf Vollzähligkeit und Geübtheit der Rudermannschaft bezieht.

Nach der oben aufgestellten Formel
$$V = 0{,}9 \cdot v \cdot n = 0{,}9 \cdot 0{,}87 \cdot n = 0{,}78 \cdot n$$
mit n = 2, 2½ und 3 ergeben sich die nachfolgenden Fahrgeschwindigkeiten eines Ruderschiffes.

Hebelübersetzungs-verhältnis an dem Ruder	Fahrgeschwindigkeit		
	Meter, Sekunde	Kilometer, Stunde	Knoten
1 : 2	1,56	5,62	3,06
1 : 2½	1,95	7,02	3,08
1 : 3	2,34	8,42	4,60

Danach ist zu erkennen, daß die Geschwindigkeit aller Ruderkriegsschiffe, wenn sie nur mit Rudern bewegt werden mußten, eine geringe war. Ihre Fortbewegung war nicht größer als die eines Fußgängers. Vergleicht man diese Geschwindigkeitszahlen mit denen der gegenwärtig verwendeten gewöhnlichen, schweren Ruderboote mit Rudern 1 : 2, so zeigt sich selbstverständlich Übereinstimmung. Aber bei einem Vergleich mit den Fahrgeschwindigkeiten der modernen Sport-Ruderschiffe muß auffallen, daß damit eine doppelt größere Fortbewegung erreicht wird. Das ist durch die Anwendung der rollenden oder gleitenden Sitze der Ruderer möglich gemacht. Es ist aber nicht anzunehmen, daß diese oder eine derartige Einrichtung, die auch gegenwärtig nur in Sportbooten verwendet wird, im Altertum schon gebräuchlich gewesen ist.

(Kopecky hat in seinem Werke „Die attischen Trieren" die Schiffsgeschwindigkeit unrichtig berechnet, indem er eine nur für Dampfschiffe aufgestellte Formel versehentlich für die, mit Ruder und Menschenkraft betriebenen Schiffe angewendet hat.)

Obgleich oben nachgewiesen ist, daß die Kriegsruderschiffe, wenn sie allein mit Rudern fortbewegt werden mußten, nur 3 Knoten oder 5,6 Kilometer Fahrt in einer Stunde machen konnten, so besteht in der Geschichte doch die Tatsache, daß sie schnellere Fahrten gemacht haben, weil zweifellos jeder einigermaßen günstige Wind zum Segeln ausgenutzt wurde. Weiteres darüber befindet sich unter der noch folgenden Überschrift: „Ruder und Segel."

3. Berechnung der Zahl der Ruderleute aus den Größenverhältnissen eines Schiffes und ihre Anwendung auf eine attische Triere.

Die für eine Dauerleistung nötige Zahl der zeitweilig aktiven Ruderer ist abhängig von den, durch die Ruderarbeit zu überwindenden Kräften, die dem Fortgange des Schiffes entgegenwirken. Die Summe solcher Kräfte, welche mit W bezeichnet werden möge, ist aus drei Teilen verschiedenen Ursprungs zusammengesetzt. Damit erscheint eine allgemeine Gleichung für den Schiffswiderstand in der Form: $W = w_1 + w_2 + w_3$. Darin soll mit w_1 der Widerstand bezeichnet sein, welcher sich in dem Wasser der Fortbewegung des Schiffes entgegensetzt; w_2 der Widerstand, welcher bei dem Gange des Schiffes in unbewegter Luft entsteht und w_3 sei ein dem Schiffe gerade entgegenstehender Winddruck. — Nach einer von Redtenbacher in seinen „Resultaten für Maschinenbau" im Abschnitt 340,2 aufgestellten, auch für Ruderschiffe zutreffenden, Formel erscheint der zunächst zu ermittelnde Widerstand in dem Wasser in der Gleichung: $w_1 = a \left(\frac{2}{3} \frac{L}{T} + 2 \frac{L}{B} \right) B \cdot T \cdot v^2$. Hierin ist mit a ein Faktor bezeichnet, welcher von der Größe der gesamten Betriebskraft des Schiffes abhängig ist und in diesem Falle, nach Redtenbachers Tabellenzahlen, 0,19 anzunehmen ist. L ist die Länge des Schiffes, in dem Kiel gemessen, B die größte Breite desselben in der Wasserlinie, T der Tiefgang des Schiffes ohne Kiel und v die bereits bekannte Schiffsgeschwindigkeit von 1,56 Metern in der Sekunde. Mit diesen Zahlen führt die obige Gleichung zu dem Ergebnis: $w_1 = 0{,}92 \, (1/_3 \, B + T) \cdot L$.

Der Widerstand w_2, das ist der, welcher der Bewegung in ruhiger Luft entgegensteht, kann mit theoretischen Finessen ermittelt werden. Ich sehe an dieser Stelle davon ab, um so mehr, als es zwecklos sein würde, diesen, in allen Fällen verschwindend klein bleibenden Teil des gesamten Widerstandes genau bestimmen zu wollen. — Man denke sich das Schiff stillstehend und einen Wind mit der Geschwindigkeit von 1,56 Metern in der Sekunde — wie sie nach der vorher aufgestellten Tabelle durch Rudern erzeugt wird — auf den Vorderteil des Schiffes wirkend, so muß dieser Winddruck gerade so groß sein, wie andernfalls der Druck des mit 1,56 Meter Geschwindigkeit bewegten Schiffes gegen die stillstehende Luft. — Nach den über Winddruck bestehenden Tabellen und Messungsergebnissen ist für eine solche Geschwindigkeit der Luftströmung der Druck auf 1 Quadratmeter 0,4 Kilogramm. Bezeichnet man mit Q die Vorderfläche in Quadratmetern der über dem Wasser befindlichen Teile des Schiffes, so ist $w_2 = Q \cdot 0{,}4$ kg.

Für die Berechnung eines Winddrucks w_3, welcher einem Schiffe entgegen wirken kann, ist eine Reihe von verschiedenen Möglichkeiten denkbar. Einer der ungünstigsten Fälle ist das Entgegenkommen eines Windes, der sich mit Lavieren, wegen umherliegender Untiefen, nicht aufnehmen läßt und durch Rudern überwunden werden muß. Ein oft vorherrschender sogenannter frischer Seewind hat eine Geschwindigkeit von 11 Metern in der Sekunde und er drückt auf eine Fläche von einem Quadratmeter mit 13 Kilogramm. Erheblich größer ist die Druckkraft eines Sturmwindes, nämlich 57 Kilogramm auf ein Quadratmeter, bei 22 Meter Geschwindigkeit in der Sekunde. Solch ein Wind kann von einem mit wasserdichtem Verdeck versehenen Schiffe aufgenommen werden. Man mußte ihm mit den drei Ruderreihen zusammen kräftig entgegenarbeiten (Appian V. 89) um der Gefahr zu entgehen, in Untiefen oder gegen felsige Ufer geworfen zu werden. — Meistens pflegte man in stürmischer Jahreszeit Unternehmungen mit Kriegs-Ruderschiffen ganz zu unterlassen (Polybius I. 37). — Vorher ist bereits bei der Bestimmung von w_2 die ganze über Wasser befindliche vordere Fläche des Schiffes mit dem Buchstaben Q bezeichnet und damit erscheint der Widerstand w_3 in der doppelten Form: $w_3 = Q \cdot 13$ bei frischem Wind und $w_3 = Q \cdot 57$ Kilogramm bei Sturmwind. Der gesamte Widerstand, den die Ruderer zu überwinden haben, ist hiermit:

$$W = w_1 + w_2 + w_3 = 0{,}92 \left(\tfrac{1}{8} B + T\right) \cdot L + Q \cdot 0{,}4 + \begin{cases} Q \cdot 13 \text{ bei Wind} \\ Q \cdot 57 \text{ bei Sturm.} \end{cases}$$

Wenn für die allgemein mit Buchstaben bezeichneten Maße der obigen Gleichung die Zahlen eingesetzt werden, welche der Querschnittszeichnung des Blattes 2 und der Maßenzusammenstelluug im Abschnitt IV, 16 zu entnehmen sind, nämlich: für die Schiffsbreite in der Wasserlinie $B = 3{,}57$ Meter, für den Tiefgang, ohne Kiel, $T = 1{,}4$ Meter, für die Schiffslänge $L = 36$ Meter und für die, dem Winddruck entgegenstehenden Flächenteile des Schiffes $Q = 11$ Quadratmeter, so gewinnt man damit den Widerstand, welcher dem Gange eines Schiffes von der Größe einer attischen Triere entgegensteht, dieser ist:

$$W = w_1 + w_2 + w_3 = 86 + 4{,}4 + \begin{cases} 143 \text{ bei Wind} \\ 627 \text{ bei Sturm} \end{cases}$$

oder $W = 90$ Kilogramm in stiller Luft und ruhigem Wasser, 233 Kilogramm bei entgegenstehendem Seewinde und 717 Kilogramm bei Sturm.

Die Summe aller von den Ruderleuten bewirkten Druckkräfte im Wasser muß den oben ermittelten Zahlen des Schiffswiderstandes gleich sein. — Wenn daher bestimmt wird, wie groß der Druck eines Ruderblattes gegen das Wasser ist, so muß die Teilung der Zahl des gesamten Schiffswiderstandes durch die Zahl des Druckes eines Ruderblattes die Zahl der Ruderer ergeben. — Durch Messungen mit Apparaten ist vielfach bestimmt worden, daß ein Mann an einer Kurbel oder an einem Hebel dauernd eine mechanische Arbeit von 8 Meter-Kilogramm verrichten kann. Man versteht darunter das Zahlenprodukt aus der Kraft und dem Wege dieser Kraft in einer Sekunde. Dieser Weg ist die bereits genannte Geschwindigkeit der Bewegung eines Mannes am Handgriff eines Ruders, nämlich 0,87 Meter in einer Sekunde. Die Zahl der von einem Manne am Rudergriff dauernd bewirkten Kraft ist daher $8 : 0{,}87 = 9{,}2$ Kilogramm. — Um damit die gesuchte Zahl der Kraft in dem Mittelpunkte des Drucks an dem Ruderblatt — Schwerpunkt der eingetauchten Ruderfläche — zu erhalten, ist sie durch die Hebelübersetzungszahl zu teilen, die für attische Trieren 2 war. Folglich ist $9{,}2 : 2 = 4{,}6$ Kilogramm der von einem Ruderer in einer attischen Triere bewirkte Ruderdruck im Wasser. Teilt man mit dieser Zahl 4,6 die vorher berechneten Zahlen des gesamten Schiffswiderstandes, so ergeben sich damit die unter verschiedenen

Umständen in einer attischen Triere nötigen Zahlen der Ruderer, wie sie in der nachfolgenden Tabelle zusammengestellt sind.

Umstände während der Fahrt	Widerstand Kilogramm	Zahl der Rudermannschaft in geraden Zahlen		
		ohne Ruhepausen, einschichtig	mit kurzen Ruhepausen, ohne Schlafruhe, zweischichtig	mit kurzen Ruhepausen und mit Schlafruhe, dreischichtig
Ruhiges Wasser und windstille Luft . . .	90	20	40	60
Wind entgegen .	233	50	100	150
Sturm entgegen	717	156	—	—

Diese Übersicht gibt zu erkennen, daß in einer attischen Triere, in Gewässern, wo man feindliche Überfälle nicht zu erwarten hatte, bei Nacht stilliegen und bei Sturmwind den Kurs ändern konnte, rund 100 Ruderer ausreichend waren; daß aber für mehrtägige Tag- und Nachtfahrten und unter Vorbereitung auf nicht vorauszusehende Hindernisse eine dreischichtige Mannschaft von 150 Ruderern nötig wurde. — Mit dieser Zahl der Ruderleute ist aber die der Ruderer noch nicht bestimmt, da an je einem Ruder mehrere Ruderer tätig gewesen sein können. — Diese Unbestimmtheit ist in bezug auf die attischen Trieren durch die aufgefundenen Original-Urkunden über das Seewesen des attischen Staates gehoben. Daraus hat Böckh nachgewiesen, daß die Trieren zu Zeiten des attischen Seebundes mit 170 Rudern ausgerüstet gewesen sind. Böckh meint dazu, daß die Trieren damals mit Reserverudern nicht versehen gewesen seien, weil er aus den Urkunden erkannt hat, daß die für dreißig Ruderer gebauten Beiboote immer mit nur dreißig Rudern ausgerüstet gewesen seien. Eine solche Schlußfolgerung ist aber nicht einwandfrei. — Überhaupt nur selten wird man die gedachten Hafenboote mit einer vollzähligen Mannschaft in Gebrauch gehabt haben, weil sie meistens in dem stillen Hafenwasser gebraucht wurden. Die Trieren in ihrer Gefechts-Ausrüstung mußten aber immer einige Ersatzruder in Bereitschaft gehabt haben, daß ist nach meiner Meinung selbstverständlich und zweifellos. Ich folgere daher auf Grund meiner Zahlenermittelung, daß zu einer attischen Triere rund 150 aktive Ruder und 20 Reserveruder, zusammen 170 Ruder, wie Böckh festgestellt hat, gehört haben.

Diese, den attischen Seeurkunden entnommene Zahl von 150 aktiven Rudern, unterstützt meine durch Rechnung ermittelte Zahl von 150 Ruderleuten und gestattet mir die Schlußfolgerung, daß in einer attischen Triere nur je ein Mann das Ruder geführt hat, was übrigens durch das später vorzuführende Reliefbild einer Triere von der Akropolis in Athen, sowie auch durch den Satz „Thukydides II, 93", den ich in dem Abschnitt IV, 12 unter der Überschrift „Das Gehänge der Thraniten- und Zygiten- ruder" wörtlich aufgeführt habe, als zutreffend bestätigt wird.

Breusing hat sein haltlos erdachtes Rudersystem, mit nur 50 Ruderleuten in einem drei Stockwerk hohen Bau, obgleich es, vom seemännischen und technischen wie auch geschichtlichen Standpunkte aus betrachtet, als grundfalsch und unmöglich zu erkennen ist, doch beachtenswert zu begründen versucht. Er schildert, daß die Menschen im Altertume überhaupt nicht so zahlreich gewesen seien, um eine dreimal größere Rudermannschaft für viele Hundert Kriegsschiffe auftreiben zu können. Unrichtig ist das insofern nicht, als es den Griechen und Römern nicht selten schwer geworden ist, die nötigen Rudermannschaften für vorhandene Schiffe zu stellen oder beisammen zu halten. — Antonius hatte in der Seeschlacht bei Actium nicht genug Ruderer für seine großen Schiffe. Er mußte Landsoldaten an deren Stelle verwenden, die sich widerstrebend verhalten haben. (Plutarch, Ant. 65.) — Cäsar Octavian konnte von 130 Schiffen in Tarent nur 102 bemannen, weil viele Ruderer während des Winters gestorben — vielleicht fortgelaufen — waren (Appian V, 98). — Die Athener, deren Flotte auswärts war, hatten wohl noch Schiffe, aber keine Seemannschaft mehr im Hafen, als ihre Insel Salamis nachts von Korinthern und Spartanern überfallen wurde. Da eilten die Bürger Mann für Mann an den Hafen, bestiegen die Schiffe und fuhren nach Salamis (Thukydides II, 93). — Solche Beispiele können aus der Geschichte zugunsten der Meinung Breusings noch mehr vorgeführt werden, die aber alle nur örtliche und zeitweilige Schwierigkeiten, nicht die allgemeine Unmöglichkeit erkennen lassen, die Ruderbänke der Kriegsschiffe besetzt zu halten. Was nützen aber die unbewiesenen Behauptungen Breusings gegenüber den zweifellos feststehenden geschichtlichen Tatsachen? Wir kennen ja die Zahlen griechischer und römischer Schiffsmannschaften zum Teil ganz genau, z. B. aus Polybius Buch I, 5, 26, die ich bei meinen Erklärungen über die Pentere im Abschnitt VI wörtlich aufgeführt habe.

II. Das Rudern und Segeln.

Ohne Zuhilfenahme der Segel konnten sich die Kriegsschiffe nur mit der Geschwindigkeit eines marschierenden Soldaten fortbewegen, wie ich vorher nachgewiesen habe. Es muß daher bei der Kriegsmarine der Alten stets das Bestreben und das Bedürfnis hervorgetreten sein, neben dem mühevollen Rudern die Kraft des Windes nach Möglichkeit benutzen zu können. — Wir wissen aus den aufgefundenen Überresten der Urkunden über das Seewesen des attischen Staates, daß bei den Trieren der Athener zwei Segel verschiedener Art verwendet wurden. Das eine war aus einem groben Stoff, das andere aus einem feinen verfertigt. Letzteres gehörte aber nicht zu den regelmäßig gelieferten Ausrüstungsgegenständen, daher werden die Trieren gewöhnlich nur mit einem Segel versehen gewesen sein (Böckh, Staatshaushalt der Athener, Band III). Die alten Abbildungen von Schiffen zeigen meistens nur einen kurzen Hauptmast, davor nicht selten einen kleineren Mast und an dem Hauptmast ein breites viereckiges Segel. Auffallend groß war die Breite der Segel der Kauffahrteischiffe, sie war etwa der Schiffslänge gleich, was die Ägypter bekanntlich durch eine absichtliche Verdrehung um 90° in der Bildfläche kenntlich zu machen suchten. Die Trieren werden erheblich schmalere Segel gehabt haben, weil diese so genannten langen Schiffe weniger stabil gebaut waren. Immerhin wird man aber mit den Trieren und derartigen Kriegsschiffen auf großen Fahrten soweit möglich gesegelt und nicht mehr als nötig gerudert haben.

Bei Seegefechten sind die Segel und auch wohl die dazu gehörige Takelage und der Mast nicht nur überflüssig, sondern auch belästigend gewesen. Deshalb pflegten die Seeleute vor dem Beginn der Gefechte, die gewöhnlich dicht an den Küsten geführt sind, ihre Segel, wenn möglich, an gesicherten Plätzen an Land zurückzulassen. Man wollte dem Feind damit keine Angriffspunkte für Fangeisen und Brandgeschosse bieten. — Als die Athener ihren, für sie unglücklich verlaufenen Kriegszug nach Sizilien unternommen und sich dort an Land neben ihrer Flotte festgesetzt hatten, eroberten die Syrakusaner ihre Insel Plemmyrion von den Athenern zurück und erbeuteten darauf u. a. die zu 40 attischen Schiffen gehörenden Segel, während diese Schiffe unweit dieser Insel mit denen der Syrakusaner kämpften. (Thukydides VII, 24.)

Kurz vor Beginn der Schlacht bei Actium wollten die Steuerleute des Antonius die Segel ihrer Schiffe im Lager auf dem Lande zurücklassen, er befahl ihnen aber, diese mit ins Schiff zu nehmen, unter dem Vorwande, daß sie keinen der Feinde auf ihrer Flucht entrinnen lassen wollten. (Plutarch, Ant. 65.)

Da die Segelfläche der Kauffahrteischiffen keine geringe gewesen ist, darf angenommen werden, daß sie damit die Geschwindigkeit unserer Segelschiffe auch erreicht haben werden, nämlich bei leichtem Winde 1 bis 2, bei schwachem Winde 3 bis 4, und bei einem mäßig starken Winde 5 bis 6 Knoten Fahrt (1 Knoten ist 1,85 Kilometer in einer Stunde). — Die Trieren und ähnliche Kriegsschiffe mußten im Segeln hinter den überhaupt seetüchtigen Kauffahrteischiffen zurückstehen. Nur selten wird sich die Möglichkeit geboten haben, das Segeln und Rudern gleichzeitig und überein vorteilhaft betreiben zu können, weil auch der beste Segelwind gewöhnlich seitlich einfällt. In solchem Falle legte sich das Schiff unter dem Druck des Segels nach einer Seite über und erschwerte das Rudern. Wollte man die Ruder dennoch ausgiebig verwenden, so mußte durch teilweises Reffen des Segels ein Teil des Winddrucks preisgegeben werden. Benutzte man aber den guten Wind ganz, so blieb die Ruderarbeit daneben mangelhaft. — Ich gelange durch solche Betrachtungen zu dem

Schluß, daß die Fahrgeschwindigkeit einer attischen Triere, bei der je nach Umständen Wind und Ruderkraft in Wirkung traten, 3 bis 4½ Knoten oder 5½ bis 8 Kilometer und die der nur segelnden Kauffahrteischiffe 3 bis 6 Knoten oder 5½ bis 11 Kilometer in der Stunde gewesen sein wird.

Geschichtliche Mitteilungen über die Fahrgeschwindigkeiten der Schiffe sind vorhanden, aber nur wenige sind mir bekannt geworden, welche eine bestimmte Angabe ohne Anhang von verschieden zu deutenden Möglichkeiten enthalten. Eine solche befindet sich Thukydides II, 97, und lautet: „Es erstreckt sich aber das Reich der Odrysen, was seine Größe anbetrifft, nach dem Meere zu **von der Stadt Abdera bis zu dem Pontos Euxainos, wo der Istrosstrom mündet**; es ist dies eine Küstenstrecke, welche zu umfahren ein Kauffahrteischiff, wenn der Wind immer auf dem Hinterteile des Schiffes steht, **auf kürzestem Wege vier Tage und ebensoviel Nächte braucht.**" Hierin zeigt sich die Korrektheit der Angabe eines Fachmannes, denn Thukydides war nicht allein ein sorgfältig prüfender Geschichtsschreiber, sondern auch ein attischer Feldherr und Flottenführer. — Danach müßte das Segelschiff eine Weglänge von 880 Kilometern in 96 Stunden oder rund 9 Kilometer in einer Stunde durchfahren haben. Zu bedenken ist, daß Thukydides die damalige größte Schiffsgeschwindigkeit als Maß für die Vorführung der Ausdehnung des Reiches der Odrysen anwenden wollte, deshalb wählte er die eines, mit günstigem Winde segelnden Kauffahrteischiffes. Selbstverständlich sagte er damit aber, daß die Geschwindigkeit einer rudernden Triere dagegen zurückstehe, sonst hätte er diese für sein Beispiel wählen müssen. — Eine andere beachtenswerte Mitteilung über die Geschwindigkeit „von Trieren auf großer Fahrt" befindet sich in Appians römischer Geschichte II, 89. Er schreibt, daß Julius Cäsar seinen Gegner Pompejus magnus in Thessalien bei Pharsalus besiegt und Pompejus nach Ägypten entflohen sei; deshalb sei Cäsar eiligst bis Rhodus gesegelt und weiter schreibt er wörtlich: „Selbst hier erwartete er nicht die Ankunft seines in einzelnen Abteilungen folgenden Heeres, sondern bestieg mit den Truppen, welche bei ihm waren, die Trieren des Cassius und der

Rhodier. Ohne jemand gesagt zu haben, wohin die Fahrt gehen werde, ging er gegen Abend unter Segel, indem er den übrigen Steuermännern nach der auf seinem Schiffe befindlichen Laterne und am Tage nach dem Feldherrnzeichen sich zu richten hieß; seinem eigenen Steuermann aber, nachdem er bereits weit vom Lande entfernt war, den Befehl gab, nach Alexandrien zu fahren. In drei Tagen war er auf dem Meere bei Alexandrien."

Hieraus ist zu erkennen, daß Cäsar zu einer beschleunigten Tag- und Nachtfahrt angetrieben und eine Weglänge von etwa 570 Kilometern in 72 Stunden mit Trieren erreicht hat, oder 8 Kilometer in einer Stunde. Genau kann man diese Zahl nicht nehmen, weil die zeitliche wie auch die örtliche Angabe dazu nicht bestimmt begrenzt ist. Jedenfalls ist diese nur mit bestem Winde mögliche Trieren-Geschwindigkeit nicht als ein normales Maß für die stets langsamer als Kauffahrteischiffe fahrenden Trieren anzusehen. Schon die Hälfte der von Cäsar ausnahmsweise erreichten Geschwindigkeit wurde für, „nur durch Ruderkraft bewegte" Trieren als eine vorzügliche Leistung angesehen. Wie Appian, V. 100, darüber geschrieben hat: „Weil er (der Flottenführer Menodorus) aber, als für jeden Fall vorteilhaft, sich vorher durch Tapferkeit auszuzeichnen beschlossen hatte, so verteilte er unter seinen Mannschaften alles Gold, was er besaß und fuhr unter angestrengtem Rudern in drei Tagen 1500 Stadien weit usw." Das ist, bei Tag- und Nachtfahrt, eine Geschwindigkeit von nur 4 Kilometern in der Stunde.

Die Überlegenheit der Kauffahrteischiffe gegenüber den Schiffen nach der Bauart der Trieren, wenn sie segeln konnten und hoch gehende See zu überwinden hatten, zeigt Appian in einer Schilderung II, 59. — Antonius wollte Cäsar Oktavian von Brundisium aus über das Ionische Meer nach Dyrrhachium Truppen zuführen, aber der Feind Sextus Pompejus ließ dort mit Trieren kreuzen und Antonius hatte nur Transportschiffe. Trotzdem wagte er damit die Überfahrt; weiter erzählt Appian: „Als sich aber gegen Mittag der Wind legte, erblickten zwanzig zur Untersuchung des Meeres ausgefahrene Schiffe des Pompejus die Feinde und verfolgten sie. Diese gerieten, weil es Windstille war, in große Besorgnis, daß die langen Schiffe mit ihren Schnäbeln die ihrigen durchbohren und versenken möchten und rüsteten sich so gut sie konnten und begannen bereits zu schleudern und Geschosse zu werfen, als sich plötzlich ein noch stärkerer Wind wie vorher erhob. Da nahmen sie wieder mit ihren großen Segeln den unverhofften Wind auf und fuhren sorglos davon. Die feindlichen Schiffe (Trieren) aber blieben von den rauschenden Wogen, dem Winde und dem hoch angeschwollenen Meere bedrängt, zurück und wurden — — an buchtlose und felsige Ufer geworfen."

Bedenkt man hierzu, daß die Verfolger mit demselben Winde in der Richtung der Entfliehenden segeln und rudern konnten, aber doch zurückbleiben mußten, ferner, daß die mit vollen Segeln „sorglos" weiterfahrenden Kauffahrteischiffe demselben hohen Seegange ausgesetzt waren, so ist damit die Schlußfolgerung begründet, daß die Seetüchtigkeit der Kriegsschiffe nach der Bauart der attischen Trieren vieles zu wünschen übrig ließ und aus diesem Grunde der liburnischen Bauart nachher der Vorzug eingeräumt wurde, wie das noch weiter im Abschnitt VIII erläutert werden soll.

III. Die Kriegskunst der Seeleute.

Unter den Hellenen waren die Athener sowie auch mehrere Inselbewohner auf den Seeverkehr hingewiesen, weil ihr Land größtenteils nicht ergiebig beackert werden konnte. Sie betrieben daher anfänglich Seeräuberei und haben unter ihren Seeleuten den Hang und die ererbte Fähigkeit dazu auch noch zur Blütezeit des attischen Staates beibehalten. Thukydides schreibt darüber (I, 5.): „Sie [die Hellenen] überfielen [vom Meere aus] die unbefestigten, aus einzelnen Ortschaften zusammengesetzten Städte, raubten sie aus und zogen so aus diesem Handwerk ihren Hauptunterhalt, ohne daß übrigens auf demselben irgendein Schimpf gehaftet hätte, vielmehr war dabei eher Ruhm zu gewinnen. Dasselbe ist noch jetzt [400 v. Chr.] bei einigen Bewohnern des Festlandes der Fall, die einen Ruhm darin setzen, dergleichen Unternehmungen geschickt auszuführen."

Daß diese Erklärung auch für die Marinemannschaft der Athener paßte, bezeugt Plutarch in seiner Lebensbeschreibung des attischen Feldherrn Phokion, Kap. II, folgendermaßen: „— — Auch selbst die Bundesgenossen [der Athener] und die Inselbewohner pflegten die von Athen abgeschickten Flotten-Geschwader, wenn ein anderer Befehlshaber [als Phokion] sie anführte, als feindliche anzusehen; sie verwahrten in dem Falle ihre Mauern, versperrten die Häfen und brachten ihre Herden, ihre Sklaven, Weiber und Kinder vom Lande in die Städte. Wenn aber Phokion [der als ein ehrenhafter Mann bekannt war] die Flotte kommandierte, fuhren sie ihm, mit Kränzen geschmückt, auf ihren eigenen Schiffen weit ins Meer entgegen."

Die attischen Seesoldaten scheinen hiernach nicht nur die Begabung zu kriegerischen Unternehmungen auf See, sondern auch die damit verbundenen Untugenden ihrer Vorfahren beibehalten zu haben. Vor allen anderen Seefahrern waren sie aber geeignet zu der damaligen Kriegskunst des Ruderns. Dazu läßt Thukydides in seinem Geschichtswerke (I, 142) den Staatsmann Perikles reden. Er sagt zu den Athenern: „Des Seewesens kundig zu werden möchte ihnen [den Lakedämoniern] aber sehr schwer fallen; denn nicht einmal Ihr —, — habt darin schon ausgelernt. Wie sollten nun Männer, deren Geschäft der Ackerbau und nicht die Schiffahrt ist, etwas der Rede Wertes ausführen können, — —. Wenn aber irgend etwas anderes, so ist das Seewesen eine Kunst, die nicht gelegentlich und nur nebenher geübt sein will, sondern im Gegenteil, es darf neben ihr her nichts anderes betrieben werden."

Wenn zwar nicht bekannt ist, ob Perikles ganz so gesprochen hat, so schreibt es doch der attische Stratege Thukydides über die ihm selbst vor Augen stehenden Verhältnisse seiner Zeit. Noch bestimmter über die hohe Bedeutung einer geübten Rudermannschaft im Kriegsdienste hat sich der unglückliche Feldherr Nikias geäußert, als er vor Syrakus in Not geraten war. Er schrieb u. a. an die Athener (Thuk. VII, 14): „Ich berufe mich, indem ich dieses schreibe, auf Eure eigene Kenntnis. Ihr wisset, daß der gute Zustand in einer Schiffsmannschaft nur kurze Zeit dauert und daß nur wenige unter den Seeleuten sind, welche ein Schiff in Bewegung zu setzen und im Rudern auszuhalten verstehen."

Über die Art der „attischen Kriegsführung" auf See haben uns die alten Geschichtsschreiber nicht im Zweifel gelassen. (Polybius I, 51. Thukydides I, 49 usw.) Man kämpfte mit dem Schiffsschnabel, und der Erfolg war lediglich von der Präzision des Ruderns abhängig. Wenn sich zwei Trieren kampfbereit entgegenkamen, fuhren sie in der Regel nicht mit ihren Vorderteilen gegeneinander, da der in solchem Falle mit zweifacher Geschwindigkeit zur Wirkung gelangende Stoß auf jeder Seite das eigene Schiff in Gefahr gebracht hätte. Das zuerst angreifende Schiff fuhr an dem anderen vorbei, wendete hinter demselben in einer Schleifenlinie und suchte bei solcher Wendung den Seitenstoß auf den Gegner anzubringen, wie die Skizze a Blatt 1 Fig. 3 zeigt. War der Leiter des angegriffenen Schiffes oder das Ruderpersonal desselben ungeübt, so wurde der verderbliche Schnabelstoß bei dem ersten Anlauf ausgeführt. War der Feind seinem Gegner gleichwertig in der Kunst des Manövrierens, so wendete auch er sofort sein Schiff in einer Schleifenlinie derart, daß sie wieder beide mit dem Schnabel einander bedrohten, wie in der Skizze b die zwei Pfeile zeigen. Sie suchten nun im Vorbeifahren einander die Ruderreihen zu streifen und ausgelegte Ruder auf diese Weise zu zerbrechen. Man mußte daher die Ruder beim Herankommen des Gegners oder andererseits beim Anlaufen gegen die Seite des Feindes auf Kommando pfeilschnell einziehen und sofort auch wieder mit derselben Schnelligkeit ausstrecken können. — Daß eine solche Hantierung mit Ruderbäumen nach Art derjenigen in den venetianischen Galeeren des 16. Jahrhunderts n. Chr., die sich auf Kanonenschußweite voneinander entfernt hielten, unmöglich gewesen wäre, dürfte doch wohl ohne mathematische Beweisführung einleuchten, und es ist danach zu verstehen, daß von einem Vergleich der attischen Triere mit einer venetianischen Galeere abzusehen ist. — Wenn sich die beiden Gegner einander gewachsen zeigten, mußte das Gefecht fortgeführt werden, und der Sieg konnte nur dem Schiffe zuteil werden, deſſen Rudermannſchaft vollzählig und die geübteſte war, denn auch die Ausdauer der Rudertätigkeit war von Kunſtregeln abhängig, die beobachtet werden mußten, ſofern nicht der Gedanke „Sein oder Nichtſein" dem ſchweren Kampfſpiele eine andere Wendung gab: nämlich zum Feſthalten am feindlichen Schiff und zu Kämpfen auf Deck. — Der Befehlshaber einer Triere mußte beſonders während des Gefechts das Erlahmen der ganzen Rudermannſchaft durch Anordnung von Ruhepauſen innerhalb kurz bemeſſener Zeitabſchnitte zu verhüten wiſſen. Das war auch in den Trieren mit einem dreifachen Perſonalbeſtande der Ruderer gut vorgeſehen, wie ich unter I, 3 durch Rechnung erwieſen habe. — Ein in der Erregung von allen drei Abteilungen gleichzeitig unternommenes Rudern mußte vor einem kriegsgeübten Feinde zum Verderben führen. Ebenſo eine Überanſtrengung der Ruderer beim Verfolgen eines Fliehenden, der die unüberlegt betriebene Ruderarbeit des Feindes zu ſeinem Vorteil auszunutzen verſtand. Ein ſolches Beiſpiel erzählt Thukydides II, 91: „— — — Das eine zurückgebliebene attiſche Schiff — — — wurde von einem einzelnen leukadiſchen Schiffe verfolgt, welches den übrigen weit voraus war. Zufällig lag ein Frachtſchiff auf hoher See vor Anker; das attiſche Schiff fuhr um dieſes herum, warf ſich mitten auf die Seite des verfolgenden leukadiſchen und bohrte es in den Grund." — Man erkennt hierbei die Schleifenfahrt. — Als der leukadiſche Führer dieſe plötzliche Abwendung ſeines Glücks erkannte, tötete er ſich auf ſeinem verſinkenden Schiff.

Daß die attiſchen Flottenführer die Gefahr einer vorzeitigen Erſchöpfung der Rudermannſchaft kannten und damit rechneten, bringt Thukydides VI, 34, zum Ausdruck. — Der Syrakuſaner Hermokrates ſagt zu ſeinen Mitbürgern, die gegen ſie heranſegelnden Athener auf dem Meere zu überfallen, falls ſie ſich dort der Ruder bedienten und ſich damit abgemüdet hätten.

Einen Scheinangriff, zum Zwecke der Täuſchung des Gegners über die Abſicht, beſchreibt Plutarch Ant. 68. Als Antonius aus der Schlacht bei Actium entflohen war, wurde er auf Befehl des Cäsar Oktavian von einigen Schiffen verfolgt. Einer der Schiffsführer, namens Eurikles, richtete seine Fahrt bis auf Lanzenwurfweite gerade auf das Schiff des Antonius, lenkte dann aber plötzlich ab, berannte mit dem Schnabel die Seite eines anderen Schiffes, eroberte es und erbeutete darauf die kostbaren Tafelgeräte der Kleopatra.

Wenn zwei Flottengeschwader sich einander gegenüberstanden, suchten die „attisch" manövrierenden Schiffe regelmäßig die feindliche Linie einzeln zu durchfahren (Thukydides VII, 36, Polybios I, 51), dahinter in einer Schleifenlinie zu wenden und eins der feindlichen Schiffe mit dem Schnabel seitlich anzurennen. Das gelang ihnen nicht selten, weil bei dem Durchfahren der feindlichen Schlachtlinie leicht eine dem Angreifer erwünschte Unordnung entstand. In mehreren derartigen Schlachten suchte der in der Defensive sich haltende Feind seine Schiffe in doppelter Linie aufzustellen oder so nahe vor einer Küste, daß das Eindringen feindlicher Schiffe, besonders aber das Wenden derselben hinter der Front nicht möglich zu machen war, denn dazu war hinten ein ausreichend breites Fahrwasser nötig, weil das Schiff in voller Fahrt bleiben mußte, um seine lebendige Kraft der in Bewegung befindlichen Masse, die für den beabsichtigten Stoß nötig war, nicht zu verlieren.

Nicht in allen Fällen konnte die kunstgerechte Durchführung einer Seeschlacht nach attischer Kampfweise gelingen. — Wenn die Schiffe mit den feindlichen ins Gedränge geraten waren, mußte sich der Kampf wie eine Landschlacht auf den Verdecken entwickeln. — Thukydides I, 49. VII, 63. —

Den Erfolg eines Kampfes mit dem Schiffsschnabel, wie ihn die Griechen zu erringen strebten, versuchten die Römer zu Zeiten der Bürgerkriege [um 80 v. Chr.], durch die Bauart ihrer Schiffe wirkungslos zu machen. Sie bauten hölzerne Panzerschiffe und dem war vom technischen Standpunkte aus kein Bedenken entgegenzustellen, da eine größere Schwere des unter Wasser befindlichen Teiles des Schiffskörpers nur wünschenswert war. Andernfalls mußte Ballast eingenommen werden, zum Zwecke der Herstellung der durchaus nötigen Stabilität der verhältnismäßig hoch gebauten römischen Ruderschiffe. — Was aber ohnedies unten an Gewicht nötig war, das konnte auch in der Konstruktion Verwendung finden. — Antonius besaß in der Schlacht bei Actium derartige gepanzerte Schiffe, während dort sein Gegner Cäsar Oktavian meist leichtere Schiffe älterer Bauart, aber mit der besten Seemannschaft in den Kampf brachte. Darüber hat Plutarch, Ant. 67, das Folgende in seiner Beschreibung der Schlacht bei Actium mitgeteilt: „So begann endlich der Kampf, aber ohne daß die Schiffe gegeneinander anrannten, oder sich gegenseitig zu zerstoßen suchten; denn die des Antonius konnten wegen ihrer Schwere keinen Anlauf nehmen, der den Stößen der Schnäbel den größten Nachdruck gibt, und die des Cäsars [Oktavian] hüteten sich, nicht nur gegen den Vorderteil von Antonius Schiffen, der mit einem starken und scharfen Schnabel von Eisen versehen war, anzurennen, sondern getrauten sich auch nicht, ihre Stöße an den Seiten anzubringen, weil die Schnäbel leicht zerbrachen, wenn sie gegen den Bauch stießen, der aus starken, durch eiserne Klammern verbundenen Balken erbaut war. Daher sah dieser Kampf einer Schlacht zu Lande, oder eigentlicher zu reden, der Bestürmung einer Festungsmauer ähnlich."

Letzteres wollten die Römer grundsätzlich aus einem Seegefecht machen, denn ihre fast unüberwindliche Stärke lag in dem todesmutigen Vorgehen jedes einzelnen Soldaten. Sie machten daher nicht nur aus ihren Schiffen schwimmende Festungen, sondern sie rüsteten dieselben auch danach aus; mit Wurfmaschinen, Fallbrücken — Raben genannt (Polybius I, 22) — und nach Art der Harpunen eingerichtete Fanghaken — Räuber genannt (Appian V, 118 und 119) — womit sie den umkreisenden Griechen oder Punier an sich heranzogen, um mit ihm Mann gegen Mann den Kampf aufzunehmen. — So hatte sich auch früher bereits ein Seegefecht der Syrakusaner und Athener im Meerbusen von Syrakus notgedrungen gestaltet, was aber die Römer später zu einer Kriegsregel entwickelt haben. Ihre schwer gerüsteten Schiffe pflegten sie auch mit einem oder zwei Türmchen zu versehen (Relief von Präneste u. a.). Das Bedürfnis, welches diese hervorgebracht hat, lag in der Art der römischen Kriegführung. Bei der älteren giechischen Kampfweise, mit einer geringen Zahl von nur 20 Hopliten auf Deck, verblieb für die Schleuderer Platz genug zu der Betätigung ihrer Kunst, die allerdings Raumfreiheit erforderte. Auf den attischen Trieren zur Zeit des peloponesischen Krieges befanden sich daher keine Türme, dazu waren sie überhaupt zu schmal gebaut. — Thukydides hat, abgesehen von der Erwähnung eines Schleppschiffes mit Türmen (VII. 25), nichts darüber geschrieben, was er bei seinen Beschreibungen von Seegefechten kaum unterlassen konnte, wenn sie zu seiner Zeit auch auf den Trieren gebräuchlich gewesen wären. Als aber zu Zeiten der punischen Kriege auf größeren Schiffen und nach römischer Art mit vielen Soldaten auf Deck gekämpft wurde, fehlte der für Schleuderer und Bogenschützen nötige freie Raum und daraus mußte das Bedürfnis entstehen, wenigstens für diejenigen Schützen, welche mit einer besonderen Virtuosität ihre Waffen gebrauchten, einen für sie geeigneten Standort zu haben. Das Beste zu solchem Zwecke war ein Podium, von dem aus sie ihre Geschosse zielsicher über den Köpfen der Decksoldaten hinweg aussenden konnten. Wenn aber die so gedachten Schützentribünen für den Betrieb des Schiffes nicht hinderlich werden sollten, weil sie dem Winde viel Fläche boten, so mußten sie abnehmbar und zusammenlegbar hergestellt gewesen sein. — Unter den wenigen geschichtlichen Angaben über diesen Gegenstand sind zwei von Appian, sowie eine von Pollur, zu Schlußfolgerungen über den Zweck und die Beschaffenheit der Türme geeignet. Ersterer hat aus der Zeit der römischen Bürgerkriege (V, 107) mitgeteilt, ein Schiff sei von einem anderen so gewaltig angerannt worden, daß die Leute von den Türmen herabgefallen seien. — Damit ist erwiesen, daß die Türme als erhöhte Standorte für Soldaten gedient haben. — Ferner hat Appian (V, 121) geschrieben: die fliehenden Mannschaften des Sextus Pompejus hätten die Türme von ihren Schiffen herabgeworfen, weil die Farbe des Anstrichs derselben den Verfolgern als Erkennungszeichen diente. Da hiernach die Türme kurzer Hand über Bord geworfen werden konnten, müssen sie nur leicht und nicht mit dem Schiffe verzimmert gewesen sein. Sie waren bretterne Schützentribünen, denen äußerlich durch Anstrich oder Blechbeschlag der Anschein von gemauerten Türmen gegeben wurde. Der Fußboden solcher Tribünen oder Türme, die nach den Reliefbildern Mannshöhe hatten, wird sich etwa in halber Höhe derselben befunden haben, derart, daß die obere Hälfte der Umkleidung als Brustwehr dienen konnte. — Nach den Bemerkungen von Pollux I, 92, ist anzunehmen, daß auch bei verdeckten Transportschiffen, die ja breit und stabil waren, Halter für Türme eingebaut wurden. Für Verteidigungszwecke mußten allerdings auch solche Schiffe eingerichtet sein.

IV. Die attische Triere oder Trireme.
1. Die Entstehung und die natürliche Entwickelung ihrer Bauart.

Obgleich der Ursprung des Trierenbaus durchaus nicht in Attika zu suchen ist, so dürfte doch von einer attischen Triere die Rede sein, weil besonders die Athener mit den Trieren ihrer Bauart ihre Gefechtsweise auf See ausgebildet hatten und damit zu ihrer Machtentfaltung gelangt waren. Eine andere Trierenbauart gab es in spätrömischer Zeit, als bereits die höhere Ruderkunst erloschen war, mit drei Ruderleuten an einem Griff. Damit hätten die Griechen ihre Gefechtskunst, so wie sie im Abschnitt III beschrieben ist, nicht so vollkommen entwickeln können.

Die Konstruktion der attischen Triere in ihren Grundzügen läßt sich aus der des einfachen Ruderbootes im Wege der natürlichen Entwickelung ableiten, wie auf Blatt 1, Figur 4, anschaulich gemacht ist. Es sind dabei zwei voneinander verschiedene Wege gangbar, welche beide aus dem natürlichen Bestreben hervorgehen, die motorische Kraft des Schiffes zu vergrößern. Nach der einen Richtung ist das durch eine Vermehrung der Zahl der Ruderer an einem und demselben Rudergriff, nach der anderen durch Vermehrung der Zahl der Ruder möglich zu machen. Der erst gedachte Weg ist für die attische Triere nach meiner Beweisführung im Abschnitt I, 3 als ausgeschlossen zu erachten, denn es ist genugsam erwiesen, daß in den Trieren der Hellenen immer nur ein Mann am Ruder gearbeitet hat.

Als die Länge der offenen Ruderboote mit 25 Ruderplätzen an jeder Bordseite ein Maximum erreicht hatte (bis 500 v. Chr.), mußte man unter dem Bestreben nach einer weiteren Vergrößerung der Schiffe die Plätze für noch mehr Ruderer durch einen Aufbau im Schiff zu gewinnen suchen, der selbstverständlich auch eine Vergrößerung der Schiffsbreite zum Zwecke der Sicherung der Stabilität im Gefolge hatte. Der Aufbau konnte nur in der Weise zweckentsprechend hergestellt werden, daß man die Schiffsspanten nach oben verlängerte und darauf Jochbalken befestigte. Auf diesen gewann man gute Plätze für noch zwei Langreihen von Ruderern in einer noch nicht groß zu nennenden Entfernung von dem Wasser. Die Griechen nannten einen solchen Jochbalken „Zygon" und die Ruderer, welche mitten darauf ihre Sitzbänke erhielten, die Zygiten. Bei dem so gestalteten Schiff mit zwei Rängen von Ruderleuten übereinander wird man in dem Entwicklungsgange des Schiffsbaus nicht lange Zeit verweilt haben, denn man mußte an der so entstandenen Diere alsbald erkennen, daß eine weiter noch gewünschte und erstrebte Vermehrung der Ruderreihen — bei Vermeidung einer selbstredend zu allen Zeiten unerwünschten Erhöhung des Schiffes — sehr leicht auf die Weise zu ermöglichen war, daß man den Zygon oder Jochbalken an seinen Enden über die Stützpunkte hinaus verlängerte. Einen solchen frei vorstehenden Balkenkopf nannten die Griechen „den Thranos" und selbstverständlich die Ruderleute, welche darauf oder daran Platz fanden, die Thraniten. Mit der so entstandenen baulichen Ausbildung des dreireihigen Ruderschiffs war unten in demselben ein abgesonderter Raum entstanden, wie ihn die Griechen allgemein „Thalamos" nannten und deshalb auch die darin sitzenden Ruderleute die Thalamiten benannt wurden.

Andere bauliche Einrichtungen für Ruderplätze oder Ruderränge in Schiffen und andere daraus abgeleitete Benennungen der Ruderer sind in der Geschichte überall nicht genannt. Es haben in allen Schiffen immer nur bis zu drei Ruderränge existiert, nämlich die im Thalamos, auf dem Zygon und auf dem Thranos. Darüber hätten doch unsere Trierenforscher einmal nachdenken sollen, welche, ohne jegliche geschichtliche Begründungen, drei, vier, fünf und noch viel mehr Ruderränge mit baumlangen Rudern übereinandergesetzt, und einer solchen falschen Belehrung einen falschen historischen Anschein gegeben haben.

Des Vergleichs wegen stelle ich daneben noch eine Wörtererklärung des griechischen Grammatikers Pollux (geboren in Ägypten, gestorben um 200 n. Chr. in Athen). Er hat in seinem Onomastikon geschrieben: „I, 87. — — der Boden [des Schiffes] wird Aushöhlung, auch Bauch, Schiffsboden genannt. Zweckmäßig auch wohl Thalamos, da wo Thalamiten rudern. Da wo die Jochmitte ist, heißt es Zyga, wo die Zygiten sitzen. Aber rings um das Verdeck herum [ist] der Thranos, da wo die Thraniten [sind]."

2. Der Thranos.

Der vorher bereits im engeren Sinne genannte Thranos bezeichnete, im Schiffsbauwesen der alten Griechen nicht allein den vorstehenden Balkenkopf, sondern auch eine ganze Reihe solcher aus der Schiffswand vorstehender Balkenenden mit den darauf verzimmerten Konstruktionsteilen. Wie das auch Pollux erklärt hat.

Ein solcher Thranos bildete mit den nach außen vorstehenden Deckbalken oder Jochbalken eine, an den äußeren Langseiten des Schiffes sich erstreckende, mit den Verdecken an den Enden vereinigte, ringsum befindliche balkonartige Plattform, die man nach einer neueren Ausdrucksweise Galerie nennen könnte. Ich vermute daher, daß der Schiffsthranos in spätrömischer Zeit oder zur Zeit der venetianischen Republik Galeria benannt wurde, woraus wohl das Wort Galeere entstanden ist.

Die Rudergalerie oder der Thranos markiert den hauptsächlichsten Unterschied, welcher im Altertum zwischen der Bauart der Ruderkriegsschiffe mit Thranos und der Kauffahrteischiffe ohne Thranos bestanden hat.

In den Wörterbüchern erscheint „Thranos" in einer dreifachen Übersetzung, nämlich: vorstehender Balkenkopf, Bank und

Gerberbank. Darin ist ein Zusammenhang zu erkennen, wenn man eine solche Bank im Auge hat, deren Sitzbrett auf Wandkonsolen oder auf vorstehenden Balkenköpfen sich befindet. In der Gerberei waren vormals vorstehende Balkenköpfe bei der Bearbeitung von solchen Schläuchen unentbehrlich, welche man aus einer ganzen, ungeteilten Tierhaut herstellte und als Behälter für Wein, Wasser und sonstige Flüssigkeiten allgemein verwendete. Die Tische, worauf man solche ungeteilt gelassene Tierhäute verarbeitete, konnten nur an einem Ende Beine oder Stützen haben, deshalb befanden sie sich auf einem frei aus der Wand vorstehenden eingemauerten Balken. In jedem der drei Fälle ist daher „vorstehender Balkenkopf" die eigentliche Bedeutung des Wortes „Thranos".

Bei den attischen Trieren befanden sich auf dem Saumholze des, nach Art einer Galerie gebauten, Thranos die Tragstellen und die Dollen der vorderen Ruderreihe. Auf dem inneren Saumholze desselben, welches zugleich den Bordrand des Schiffes bildete, befanden sich die Tragstellen der inneren Ruderreihen. Zwischen diesen vorderen und hinteren Ruderreihen, mußte sich, wie oben erklärt und in der Skizze Blatt 1 Figur 5 dargestellt, das äußere Saumholz des Thranos befinden, welches daher selbstverständlich die hinter ihm liegenden oberen Teile der Zygitenruder unsichtbar machte. Da aber die meisten Beschauer der alten Reliefbilder das Vorhandensein der aus der Bildebene hervortretend zu denkenden Rudergalerie gar nicht erkannt haben, weil die auf Blatt 2 hinzugefügte Querschnittszeichnung dazu fehlt, so entstand aus den alten, ganz richtig gezeichneten Reliefbildern die heute noch allgemein verbreitete irrige Anschauung: die drei Ruderreihen befänden sich in der Schiffswand fast lotrecht in einer und derselben Bildebene untereinander, allerdings in den Bildern unerklärlich dicht untereinander. Dadurch ist leider auch der Kapitän Kopecky in seinem Werke „Die attischen Tieren" zu einer falschen planimetrischen Konstruktion seiner Ruderanordnung verleitet worden.

3. Die Parodos.

Nach Ausweis der Wörterbücher ist der Grundbegriff des obigen Wortes „ein Weg an etwas vorbei", das ist im Auge zu behalten. — Durch die Querschnittszeichnung einer attischen Triere auf dem Blatte 3 ist kenntlich gemacht, daß in der ganzen oberen Breite vier Ruderer nebeneinander ihre Plätze hatten, und dazu werde ich nachher noch unter IV. 16 den Beweis liefern, daß die „attischen" Trieren von vorn bis hinten gleichbreit oder, richtiger zu sagen, gleichschmal gewesen sind. Das Breitenmaß mußte aber mindestens so bemessen sein, daß sich jeder Ruderer frei bewegen konnte und auch dann den regelrechten Fortgang des Ruderbetriebes nicht störte, wenn er genötigt war, zeitweilig einmal sein Ruder einzuziehen und seinen Platz zu verlassen. Nur allein zu solchem Zwecke einen Mittelgang in der Langrichtung des Schiffes anzulegen, würde eine Erbreiterung des ganzen Schiffes zur Folge gehabt haben. Das war aber nicht nötig, weil an beiden Seiten auf der Galerie oder dem Thranos des Schiffes Raum genug vorhanden war, um von jedem Ruderplatze aus an den Thraniten außen entlang gehen zu können. An diesen Stellen befand sich aber eine Behinderung durch die ausgelegten und in pendelnder Bewegung befindlichen Ruder der Thraniten. Deshalb mußte am Rande des Thranos und über den Thranitenrudern ein Laufbrett angebracht sein, welches die Griechen nach seiner Lage und Beschaffenheit die Parodos genannt haben, die auf mehreren Reliefbildern, besonders aber auf dem der Akropolis zu Athen, zu erkennen ist.

4. Die Steven.

Die als echt anzusehenden Reliefbilder von alten Schiffen zeigen außerordentlich hoch aufgerichtete Steven, besonders Vorsteven. So z. B. das Reliefbild vom Fortunatempel in Präneste, Blatt 8.

Der Zweck einer solchen Bauart liegt offenbar in der Absicht, bei dem Unterfahren von überhängenden festen Gegenständen, wie von Brücken, Balken, Tauen usw., die auf dem Oberdeck stehenden Mannschaften gegen Anstoßen zu schützen. Die Schiffsmasten und das Takelwerk pflegte man bei bevorstehenden Gefechten niederzulegen oder an Land zu verwahren. — Mit dieser Erklärung ist es möglich, das Höhenmaß eines Schiffssteven, vom Wasserspiegel aus gemessen, zu bestimmen. Es wird bei einer attischen Triere 4,6 Meter gewesen sein.

Noch jetzt sind die Gondeln in Venedig aus ähnlichen Gründen mit hoch aufgerichteten Vorsteven gebaut.

5. Der Schiffsschnabel.

Mehrere Schriftsteller der Gegenwart suchen in der Trieren-Literatur die historisch begründete, vortreffliche Benennung „Schnabel" zu meiden und dafür das schlechter gewählte, aber moderne Wort „Sporn" zu setzen. Ich mag mich solchen Bestrebungen nicht anschließen, um meinerseits nichts dazu beizutragen, die Geschichtssprache zu ballhornisieren.

Der Schnabel war besonders bei den attischen Trieren die Angriffswaffe, deren Verwendung in dem Abschnitt III beschrieben ist. Durch das Rammen oder Stoßen wurde aber nicht nur das angerannte Schiff, sondern auch das angreifende stark erschüttert. Es mußte daher der Schnabel nicht nur eine unmittelbare Fortsetzung des Kiels sein, sondern es mußte sich auf demselben und vor dem Vorsteven noch eine mit dem Kielholz verzahnte und verbolzte massive Holzmasse befinden, die geeignet war, die bei einem Stoß unter dem Einfluß der sogenannten lebendigen Kraft vordrängende Masse des Schiffes festzuhalten. Dieser Anforderung entsprechend, mußte der Schnabel die Form eines Schweinerüssels erhalten, wie an zwei alten Vasen-Bildern gut zu erkennen ist. — Die Länge des Schnabels von der Lotlinie am Vorsteven an gemessen, muß annähernd 1,8 Meter gewesen sein, da mit einem kürzeren Schnabel die an den Langseiten der Schiffe vorstehende Rudergalerie den Stoß gegen die Schiffsplanke verhindern oder wirkungslos machen konnte.

Daß der Vorderteil des Schiffsschnabels mit Metall armiert war, erscheint selbstverständlich. In den Urkunden über das Seewesen des Attischen Staates (Böckh III) sind solche Schnabelbeschlagteile aufgeführt.

6. Das Auge.

Tief unten an dem Schiffschnabel ist in mehreren alten Schiffsbildern der sogenannten Ophthalmos, das ist ein Auge, zu erkennen; und daß auch die attischen Trieren mit dem Auge versehen waren, hat Böckh in den oben genannten Seeurkunden nachgewiesen, darin ist bei den regierungsseitig vorgenommenen Schiffsrevisionen an drei Trieren bemängelt worden, daß der Ophthalmos ausgebrochen sei. Gewiß würde der Beamte, dem die technische Überwachung der Kriegsschiffe oblag, solche Vermerke auf den Steintafeln nicht gemacht haben, wenn das Schiffsauge nur ein Ornament oder ein Symbol gewesen wäre, denn die Schriften auf den Marmortafeln sollten den jeweiligen Zustand eines jeden Schiffes zu erkennen geben, um danach von Athen aus über jedes einzelne Schiff unter Berücksichtigung der daran noch befindlichen Schäden verfügen zu können. Das Auge mußte daher bei dem Schiffswesen der Athener eine ernste Bedeutung gehabt haben. — Wir wissen aber aus der Geschichte, daß man bei Seegefechten mehrere Schlachtschiffe durch Taue oder Stangen miteinander zu verbinden pflegte, um das Durchfahren der feindlichen Schiffe zu verhindern. Polybius (II 2, 9) erzählt auch, daß die Illyrier in einer Schlacht gegen die Achäer je vier ihrer Schiffe durch Taue zusammen verbunden gehalten haben. Ferner ist bekannt, daß man Hafeneinfahrten auf diese Weise blockierte. Das Verbindungstau zwischen mehreren Schiffen mußte aber den Anhaltspunkt tief unten am Schiffskörper haben, da eine derartige Verbindung mit anderen Schiffen in Deckhöhe ein Kentern des verhältnismäßig leichten, meistens ohne Ballast gebrauchten Schiffes verursachen konnte. — Keine andere Stelle des Schiffes wäre zur Anbringung einer solchen Tauöse geeigneter gewesen als die derbe Holzmasse des Schiffschnabels. Das Auge war hiernach ein etwa 10 Zentimeter weites, an den Rändern ausgerundetes und mit Metall eingefaßtes Bohrloch, quer hindurchgehend durch den kräftigen, massiven Rücken des Schnabels, durch das zu den oben gedachten Zwecken ein starkes Schiffstau gezogen wurde. — Böckh hat in seinen, leider auch in dieser Beziehung unrichtigen Erläuterungen darauf hingewiesen, daß in ben attischen Seeurkunden der Ophthalmos immer nur im Singular aufgeführt sei. Nach der obigen Erklärung kann das nicht mehr auffallen, denn es war ja auch „nur ein" Bohrloch, das ebenso im Singular genannt werden konnte, wie wir auch nur von einem Nadelöhr sprechen oder von „dem" Auge einer quer durchbohrten Eisenstange an irgendeiner Maschine. — Eine Identifizierung des Ophthalmos mit einer Bug- oder Ankerklüse ist unzutreffend, weil das Auge in den als echt anzuerkennenden Reliefbildern nicht an dem Bug des Schiffes dargestellt ist, sondern an dem ganz massiven hölzernen Körper des Schnabels. — So nüchtern wie der Techniker diese Sache hier erklärt, ist sie in dem rosigen Lichte des Poeten allerdings nicht. Daher wird zu dem Schiffe des Odysseus erzählt (Wägener und Baumgarten „Hellas", Bild 84): „Das Auge an dem Vorderteile des Schiffes diente zur Abwehr des bösen Blicks." Danach gestaltete sich die Tauöse in der Phantasie des Künstlers zu einem Menschenauge. Aber auch dieser Anforderung konnte der Schiffsbaumeister, neben den ernsten Zwecken der Sache, mit etwas Ölfarbe genügen. — Bei der Betrachtung des Reliefs von Präneste, Tafel 8, meine ich den Ophthalmos in Gestalt eines nach hinten außerordentlich weit aufgesperrten Krokodilmaules wiederzuerkennen.

7. Das Verdeck.

Viele Irrungen über die baulichen Beschaffenheiten der Trieren und der sonstigen größeren Kriegsschiffe scheinen aus einer mangelhaften Lexikographie, insbesondere aus unrichtigen Übersetzungen der Wörter kataphraktos und katastroma sowie tectum und constratum hervorgegangen zu sein. Es dürfte daher an dieser Stelle besonders vermerkt werden, daß alle Kriegsschiffe der alten Griechen und Römer sowie der sonstigen Völker jener Zeit, mit alleiniger Ausnahme der ältesten Seeräuberschiffe, notwendig mit zwei Verdecken versehen gewesen sein müssen, nämlich: mit einem wasserdichten Verdeck über dem untersten Hohlraume des Schiffes, unten in dem Thalamos, und mit einem fest gezimmerten, auf seitlich angebrachten Ständern ruhenden Oberdeck, über den Plätzen der oben sitzenden Ruderleute; wie das schon in mehreren besonders guten Reliefbildern von Nilschiffen aus der Zeit der Pharaonen zu erkennen ist. Das unterste wasserdichte Verdeck in dem Thalamos war durchaus nötig, um ein Schiff trierischer Bauart, obgleich es nur als Küstenfahrzeug anzusehen ist, wenigstens einigermaßen wasserfrei und damit seetüchtig halten zu können, und das Oberdeck über den Sitzplätzen der Zygiten war für Arbeiten der Matrosen sowie besonders als freier Kampfplatz für Hopliten, Schleuderer und Lanzenwerfer ganz unentbehrlich, wie das aus den zahlreich vorhandenen Schilderungen von Thukydides, Polybios, Appian, Plutarch usw. (z. B. Thukydides I, 49) zweifellos zu erkennen ist. Deshalb müssen die vielen ungezählten Übersetzungen in Wörterbüchern, wie auch in Geschichtswerken unrichtig sein, soweit sie zu den niemals dagewesenen Gegensätzen, nämlich: Trieren oder Penteren ohne Verdeck und solche mit Verdeck Anlaß gegeben haben. — Treffende Beispiele hierzu meine ich in den zwei besten und echten Reliefbildern, welche aus der Zeit 400 bzw. 30 v. Chr. erhalten geblieben sind, vorführen zu dürfen, nämlich: das von der Akropolis in Athen, Tafel 2, und das vom Fortunatempel in Präneste, Tafel 8. Beide dargestellte Schiffe sind solche mit Verdeck und zwar beide auch mit Oberdeck. Das erstgenannte Schiff älterer Bauart hat eine offene Rudergalerie (Thranos), deshalb ist es als ein „aphraktes" Schiff anzusehen. Das zweite hat eine nach außen verschlossene oder „verpanzerte" Rudergalerie. Nur deshalb ist es ein kataphraktes Schiff.

Durch die aufgefundenen Urkunden über das Seewesen des attischen Staates ist auch erwiesen, daß sich unter den regelmäßig gelieferten Ausrüstungsgegenständen der Trieren je zwei Decken befanden, die man Pararrymatai nannte und als Schutzvorhänge gegen Schleuderblei für die oben sitzenden Ruderer verwendet wurden. Die aphrakt gebauten Trieren konnten damit nötigenfalls versehen werden, aber man wird sie wahrscheinlich nur dann als kataphrakte Schiffe angesehen haben, wenn sie mit einer festen hölzernen Verplankung an den Seiten gebaut waren.

Da wünschenswert erscheint, daß derartige Verwechselungen von zwei Begriffen in Übersetzungen oder Abhandlungen über die Kriegsschiffe der Alten gelegentlich richtiggestellt werden, gestatte ich mir, die vorherigen Erklärungen kurz zusammengefaßt zu wiederholen.

1. **Alle Trieren und derartige Kriegsschiffe waren solche mit Verdeck oder mit katastroma.**

2. **Ein Schiff mit einer an den Seiten offenen Rudergalerie nannten die Griechen aphraktos und**

3. **eine Triere, Tetrere oder Pentere mit einer an den Seiten ganz verplankten Rudergalerie nannten sie kataphraktos.** — Dabei ist nicht zu denken an das katastroma, welches eine andere Sache ist.

(Entgegenstehende Erklärungen zu obigen Sätzen befinden sich u. a. in Benselers Schulwörterbuche, Aufl. Kaegi).

Die obigen Erklärungen, insbesondere die unter Ziffer 1, dürfte auch für den Fall noch aufrecht zu halten sein, wenn einmal eine Inkorrektheit durch Vertauschung der einander nahestehenden Begriffe „gedeckt und verdeckt" in alten Originalschriften sich zeigen sollte, denn es erscheint in Hinsicht auf die hinlänglich bekannt gewordene Art der altgriechischen und römischen Kriegführung auf See als ganz ausgeschlossen, daß Trieren und derartige größere Schiffe ohne Verdeck und ohne Oberdeck jemals zu Seegefechten verwendet worden sind.

8. Die Umgürtung der Schiffe.
(Hypozom oder Tormentum.)

Wenn Seeschiffe bei stürmischem Wetter auf hochgehenden Wellen getragen werden, sind sie in dem Kiel Biegungsspannungen ausgesetzt, die dadurch entstehen, daß abwechselnd die Schiffsmitte gehoben und die Schiffsenden mehr oder weniger freischwebend sind; im nächsten Moment aber die Enden des Schiffs von den Wellen getragen werden und die Schiffsmitte hohl läuft. Besonders alte hölzerne, flach und lang gebaute Schiffe können darunter leiden, daher wurden sie mit zwei oder drei starken Hanftauen ihrer Länge nach umgürtet, die die Eigenschaft haben, daß sie sich zusammenziehen und sehr kräftig spannen, wenn sie naß werden. Ein solches Tau an den Schiffen nannten die Griechen „Hypozom". Die Wirkung desselben, als wagerecht und lang um das Schiff gezogene Gurtung, kann man mit der einer gespannten Bogensehne vergleichen. Der Bogen läßt sich auf der konvexen Seite nicht durchbiegen, wenn er durch eine Sehne von hinreichender Stärke dagegen gespannt gehalten wird. In diesem Sinne suchte man durch die Gurtung einen Kielbruch zu verhüten, wenn er je nach der baulichen Beschaffenheit des Schiffes bei hochgehender See befürchtet werden konnte. Daß auch die alten Griechen denselben Zweck bei der Verwendung des Hypozoms im Auge hatten, wird uns durch eine Niederschrift in den Urkunden über das Seewesen des attischen Staates (Böckh III) bestätigt. Danach hatte die Volksvertretung in einem Falle beschlossen, daß auszusendende Pferdetransportschiffe mit Hypozomen zu versehen seien, weil sie in die stürmische Adria fahren sollten. Ganz falsch sind die Erklärungen mehrerer Trieren-Schriftsteller: „man habe mit der Langgurtung die Trieren gegen die Wirkungen des Anrennens an feindliche Schiffe verstärkt". Dazu bedurfte das Schiff besonders kräftiger Querverbände zwischen den Spanten. — Niemand wird aber meinen, daß die Athener in der Adria mit ihren Pferdetransportschiffen feindliche Schiffe rammen wollten.

9. Das Proembolon.

Da in den steinernen Urkunden über das Seewesen des attischen Staates — Böckh III — an mehreren Stellen das „Proembolon" eines Schiffes genannt ist, muß es ein unentbehrlicher Bestandteil des Baus einer Triere gewesen sein. Allerdings war dieses bei den Schlachtschiffen, welche nach attischer Art miteinander kämpften, durchaus notwendig, um das Anrennen eines feindlichen Schiffes gegen das vordere Ende der Rudergalerie aufzufangen — Thukydides VII, 34 —. Zu solchem Zwecke befand sich in der Höhenlage der Jochbalken des Schiffes ein dreieckiges Fanggerüst, dessen zwei Seitenflügel aus schräg nach hinten gerichteten, von dem Schiffe abstehenden Balken gebildet waren. Die vorderen Enden dieser Balken vereinigten sich vor dem Vorsteven in einer metallenen Spitze oder in einem Balkenende mit Widderkopf. Die Flügelbalken ließen ein dagegen rennendes Schiff seitlich abgleiten und verhüteten die Zertrümmerung der Rudergalerie. — Appian V, 107. — Nicht zu verwechseln ist diese Einrichtung mit den Sturmbalken — Epotyben genannt —, welche die Syrakusaner zum Angriff auf die in den Bugplanken schwach gebauten Schiffe der Athener provisorisch angewendet hatten — Thukydides VII, 36. 2 —.

10. Die Ruder der Thraniten und Zygiten in einer attischen Triere.

Unter Hinweisung auf meine Erläuterungen zu dem meistens nicht erkannten oder verkannten Thranos oder der Rudergalerie der Schiffe im Altertum, insbesondere der Trieren, ist an dieser Stelle hervorzuheben, daß durchaus kein technischer oder sonstiger Grund zu finden ist, wonach man bei dem Bau einer Triere nach attischer Art die Ruder der Zygiten und der Thraniten in verschiedene Höhen legen und verschieden lang machen mußte. Durch die Urkunden über das Seewesen des attischen Staates — Böckh III, Tafel II, 56 — ist aber auch erwiesen, daß die Ruder der Zygiten und der Thraniten gleich lang waren, da vermerkt worden ist, daß 10 Stück thranitische Ruder den Zygiten überwiesen wurden. Das wäre bei bestehenden Längendifferenzen nicht möglich gewesen. Ich vermute auch, daß „thranitisch" eine Kollektivbenennung für Ruder der Thraniten sowie auch Zygiten gewesen ist. Böckh, welcher die oben genannten Urkunden bearbeitet hat, aber nicht vom schiffsbautechnischen Standpunkte aus prüfen konnte, ist mit vielen anderen in der ganz irrigen Meinung befangen gehalten, alle drei Ruderreihen einer Triere müßten jedenfalls in drei Höhenlagen übereinander gelegen haben und folglich auch, trotz seiner dem widersprechenden Übersetzungen, verschieden lang gewesen sein. Noch weiter geht Böckh in seiner Verirrung, indem er — verleitet durch die zu Anfang aufgeführte, verstümmelt hinterlassene Lehre des Aristoteles — behauptet oder erläutert, daß auch in jeder Reihe von Ruderern alle Ruder untereinander verschieden lang gewesen sein müßten. Wie konfus und verwirrt ein Großbetrieb mit 170 Rudern in einer Triere, sowie auch unter Tausenden von Rudern in den Lagerhäusern damit sich gestalten müßte, wird sich ein der Technik und Praxis fernstehender Gelehrter vielleicht nicht ausdenken können.

Nicht nur Böckh sondern auch fast alle anderen, welche ihr Interesse an der Trierenfrage betätigt haben, sowie auch die Lexikographen, sind einesteils durch das Nichterkennen der alten Reliefbilder — wie ich bei meiner Erklärung des Thranos erläutert habe — und andernteils durch falsche Bemerkungen von Scholiasten der byzantinischen und noch späteren Zeiten, die auch die Reliefbilder falsch angeschaut haben werden, zu Irrungen verleitet worden. Besonders hat ein in zweifacher Hinsicht grundfalsches Scholion zu Thukydides VI. 31 zu solchen Verwirrungen viel beigetragen. Es lautet: „Die Thraniten haben, da sie mit größeren Rudern rudern, größere Mühe als die anderen; deswegen gaben die Trierarchen diesen allein Inlage, nicht allen Ruderern." — Der auch als attischer Flottenführer tätig gewesene Stratege und Geschichtsschreiber Thukydides, welcher größtenteils nach eigener Anschauung und Erfahrung über Ereignisse und Verhältnisse seiner Zeit berichtet hat, würde gewiß zu einer solchen, später geschriebenen, falschen Belehrung zu seiner oben aufgeführten Schriftstelle Einspruch erhoben haben, wenn er Kenntnis davon erhalten hätte. Unrichtig ist, daß die Thraniten der attischen Trieren die längsten Ruder gehabt haben. Die der Zygiten waren ebenso lang. Unrichtig ist auch, daß die Thraniten die größte Mühe bei der Ruderarbeit gehabt haben, denn das ist nicht von der Ruderlänge, sondern von dem Teilungsverhältnis der zwei Hebelarme abhängig, das bei langen und kurzen Rudern gleich groß ist. Vielmehr ist anzunehmen, daß die Thalamiten am schwersten damit belastet wurden, sowohl in Hinsicht auf Dauerarbeit als auch Kraftleistung. Die Thalamitenruder waren allerdings leichter als die thranitischen. Diese Erleichterung wird man aber gerade den Thalamiten nicht geschenkt haben. Dafür konnten die Ruderblätter der thalamitischen Ruder entsprechend breiter sein, so daß die Thalamiten mindestens ein gleiches oder ein noch etwas größeres Maß von Arbeit zur Fortbewegung des Schiffes beitragen mußten. So würde selbverständlich ein Techniker der Neuzeit thalamitische Trierenruder konstruieren und es ist anzunehmen, daß die auf diesem Gebiete der Technik erfahrungsreicher gewesenen alten Griechen mindestens ebenso vernünftig gehandelt haben. — Der wahre und einzige Grund, weshalb die Thraniten allein, sowohl im Falle Thukydides VI, 31 als auch im Falle Polybios 26, 7, Zulagen bzw. Geldgeschenke erhielten, lag in den volkswirtschaftlichen Verhältnissen. — Die Thalamiten waren Sklaven, Heloten und sonstige unfreie und rechtlose Leute, die zu Ruderdiensten gepreßt wurden und grundsätzlich stets unbewaffnet sein mußten. Sie erhielten Naturalverpflegung oder nur soviel Geld, wie sie zum Lebensunterhalt notwendig bedurften, andernfalls würden sie zur Meuterei oder Desertion jederzeit Gelegenheit gesucht haben. Die Thraniten waren aber freie Männer und Kombattanten. Daß sie auch das letztere waren, erzählt uns z. B. Thukydides IV, 32. „Mit Anbruch der Morgenröte landeten dann auch die übrigen Truppen von etwas mehr als 70 Schiffen, mit Ausnahme der Thalamiten, die einen so, die anderen so gerüstet." — Auch die exponierten Rudersitze an dem Rande des Thranos sprechen dafür, daß die Thraniten Waffen zur Hand nehmen mußten, um zahlreich herandrängende Feinde von der Parodos des Schiffes abstoßen zu können, denn dazu wäre die Zahl von nur 18 Hopliten auf einem 36 Meter langem Schiffe nicht immer allein ausreichend gewesen. — Hiernach ist zu erkennen, daß die Sicherheit des Schiffes und des Kommandanten in der Hand der Thraniten lag. Diese mußten daher ausgesuchte Vertrauenspersonen des Trierarchen sein, der ihnen mehr Lohn aus seiner Tasche oder Geldgeschenke lediglich aus diesem Grunde zuwendete.

Aus den obigen Entwickelungen geht bis soweit hervor, daß in einer attischen Triere drei Ruderränge gewesen sind, in denen die zwei oberen, nämlich die der Thraniten und Zygiten in gleicher Höhe über dem Wasser sich befanden und deshalb mit Rudern von gleicher Länge versehen waren. Es befanden sich daher in einer attischen Triere Ruder von nur zwei verschiedenen Längen.

11. Die Perineo-Ruder.

Zu der obigen Erklärung über drei Ruderränge und nur zwei Ruderlängen muß auffallen, daß in den Urkunden über das Seewesen des attischen Staates nicht nur die Stückzahlen der Ruder der Thraniten, Zygiten und Thalamiten verzeichnet sind, sondern noch außerdem sogenannte „Perineo-Ruder". Das drängt zu der Frage, wie diese Benennung von Rudern zu verstehen ist. — Böckh hat in seinen Erläuterungen dazu die Erklärung gegeben, daß die so benannten Ruder überzählige waren. — Das würde seinerseits genügt haben. — Leider ist er aber in seiner ganz irrigen Anschauung des attischen Schiffbaus und des Ruderwesens mit seinen Erläuterungen darüber hinausgegangen, indem er darauf hingewiesen hat, daß die alten Griechen auch Schiffspassagiere oder Epibaten, welche nicht zu der Schiffsmannschaft gehörten „Perineos" genannt haben — Thukydides I, 10. — Damit ist er zu der ganz verfehlten Schlußfolgerung gekommen, daß die Perineo-Ruder für mitreisende Leute oder Epibaten zur Verfügung gehalten seien (Böckh, Staatshaushaltung der Athener III, Bemerkungen IX, 1.) — Dagegen verweise ich auf die Erklärungen des Staatsmannes Perikles und des Feldherrn Nikias, deren Äußerungen über die Schwierigkeiten des Ruderns ich in dem Abschnitt III wörtlich aufgeführt habe. Ferner ist auch Polybios I, 21 zu beachten, der wahrscheinlich aus eigener Anschauung beschrieben hat, mit welcher Mühe die Rudermannschaft eingeschult werden mußte. — Wenn man aber den Schiffspassagieren oder sonstigen Mitreisenden Ruder in die Hand gegeben hätte — wie Böckh gemeint hat — würde dazu in der Triere ein zum Rudern passender Platz, bei vollzähliger Rudermannschaft, gefehlt haben. Diese Leute konnten aber nicht rudern und würden nur Belästigungen wie auch Erschwerungen bei der Mannschaft verursacht haben. — In den attischen See-Urkunden ist auch ein Perineo-Schiffsmast aufgeführt. Folgerichtig hätte Böckh auch dazu einen Passagier als zugehörig sich denken müssen (Böckh, Staatshaushaltung der Athener III, Bemerkungen IX, 6). Man erkennt hieraus aber, daß die Griechen verschiedene Gegenstände, nämlich: Schiffsmaste, Ruder, auch auf See umher fahrende Menschen, welche nicht Seeleute von Beruf waren, und vermutlich auch noch mancherlei Strandgut mit dem Worte „perineo" in Verbindung gebracht haben. Da dasselbe u. a. „umherschwimmen" heißt, so erscheint mir doch die Schlußfolgerung die nächstliegende zu sein, daß die Perineo-Ruder umherschwimmende, aus dem Wasser aufgefischte fremde Ruder waren. Daß aber nach Seegefechten viele im Wasser treibende Wertgegenstände als Kriegsbeute aufgefischt und geborgen wurden, ist aus der Geschichte hinlänglich bekannt und erscheint auch ganz selbstverständlich. — Nicht auf allen Tafeln der attischen Seeurkunden befinden sich Perineo-Ruder verzeichnet. Zahlreich sind sie auf der Tafel Ia, Olymp 101,4 aufgeführt, wozu ich die Erklärung gefunden zu haben meine (Wägener-Baumgarten, „Hellas", dritter attischer Seebund), daß zu jener Zeit der attische Feldherr Chabrias bei Naxos einen großen Sieg über die Flotte der Spartaner erfochten hat, die zur Hälfte in den Grund gebohrt wurde. Viele spartanische Schiffsgeräte werden die Sieger aus dem Wasser aufgefischt und nachher dem Werftinspektor, welcher die Schiffsgeräte zu prüfen hatte, zur Abnahme gegen Vergütung angeboten haben. Bei solchen Sachen, insbesondere bei den aufgefischten Rudern, mußte der Beamte feststellen, ob sie den Anforderungen der Marineverwaltung entsprachen und lediglich aus diesem Grunde hat er zu diesen von fremder Werft stammenden Perineo-Rudern die Längenmaße, nämlich: „neun Ellen oder neun Ellen und eine Spanne" außerordentlicherweise notiert, und zwar nicht etwa deshalb, weil diese Längenmaße andere als die der attischen Ruder gleicher Art waren, sondern im Gegenteil, um damit festzulegen, daß auch diese Perineo-Ruder das in Athen vorgeschriebene Längenmaß hatten. Wir erkennen daher, daß mit der Längenangabe „neun Ellen" auf der Tafel I der entdeckten Verzeichnisse über attische Trieren tatsächlich das rechte Längenmaß der Thranitenruder aufgefunden ist.

Nach meinen Konstruktionen der attischen Triere, denen die Gliedermaßen des Körpers eines erwachsenen „unbehindert" rudernden Mannes zugrunde gelegt sind, muß die „theoretische" Länge eines thranitischen oder zygitischen Ruders in einem Schiffe der attisch-trierischen Bauart 3,99 oder rund 4 Meter sein. Das ist die Länge zwischen dem Schwerpunkte der eingetauchten Fläche des Ruderblatts und dem Angriffspunkte der Kraft des Ruderers am Handgriff, in der Mitte zwischen beiden Händen desselben. — Nach den vorherigen Erläuterungen war nach der Tafel Nr. I a, 9, 14, 23, 42, 51 und b, 24 der Seeurkunden, Böckh III, die wirkliche Länge der thranitischen sowie zygitischen Ruder neun Ellen. Das damalige altgriechische Ellenmaß war $1^{1}/_{2}$ Fuß lang und der Fuß 0,328 Meter, 9 Ellen sind daher 4,43 Meter. Einige wenige Ruder waren nach den vorgenannten Urkunden um „eine Spanne" oder um etwa 0,24 Meter länger. — Das vorher angegebene theoretische Längenmaß, was der Schiffsbaumeister im Auge zu halten hatte, wird bei diesen beiden Ruderlängen ein und dasselbe gewesen sein; aber das Rundholz am Ruder konnte gut eine Spanne länger sein, was auch von Ruderleuten als wünschenswert erachtet werden konnte, weil das Übergewicht eines derartigen Ruders immerhin mehr als nötig an der Außenseite des Schiffes sich befand. Es liegt daher der Gedanke sehr nahe, den Ruderteil im Schiff nicht nur durch dickere Holzmasse, sondern außerdem noch durch Verlängerung des Griffendes etwas mehr zu erschweren. Jedenfalls konnten Ruder mit etwas länger oder kürzer vorstehenden Handgriffen nebeneinander gebraucht werden, ohne für die einen oder anderen verschiedene Plätze im Schiffe wählen zu müssen. Übrigens werde ich mich über Zygiten-Ruder mit verlängerten Griffenden noch weiter bei den attischen Tetreren im Abschnitt V zu äußern haben. — Böckhs Vermutung: es seien die um eine Handspanne längeren Ruder an der größten Breite des Schiffes, da wo der Mast sich befindet, verwendet worden, ist auch nicht zutreffend, denn ich werde bei den noch folgenden Entwickelungen über Schiffsdimensionen nachweisen, daß die „attischen" Trieren, wenigstens in der Zeit 400 bis 300 v. Chr. (d. i. die Zeit der Seeurkunden, Böckh III), in ihrer Mitte nicht breiter waren als an ihren Enden.

Zu meiner obigen Klarlegung des Begriffs „Perineoruder" könnte man noch in Frage stellen, warum nur neun Ellen lange Ruder in den aufgefundenen Tabellen zu den attischen Schiffen unter dieser Benennung verzeichnet sind, obgleich auch die erheblich kürzeren Thalamitenruder immer zu derselben Zeit oder bei derselben Gelegenheit zahlreich vorhanden waren. Dazu ist zu bedenken, daß nach einem Seegefecht nicht etwa mehrere hundert Ruder von zugrunde gegangenen Schiffen einzeln umher schwammen. Sie hingen sämtlich fest an dem auf dem Meere treibenden hölzernen Wrack. Die oberen längeren Ruder waren daran mit ledernen Riemen verschnallt (s. IV, 12) und die unteren steckten in den, unten an der Schiffswand angenagelten, ledernen Ärmeln, „den Askomen" (s. IV, 13). — Wenn ein hölzernes Schiff leck gestoßen war, mußte es tiefer in das Wasser einsinken, es versank bis etwa an den Sitz der Thraniten. Dort konnte man noch mit geringer Mühe die Ruderriemen der Thraniten und Zygiten abschneiden und die Ruder einholen. Die Thalamitenruder befanden sich aber an dem Wrack, etwa einen Meter tief unter Wasser. Ihre Gewinnung und Bergung wurde dadurch erschwert, daher wird man sie den Fischern und Strandbewohnern preisgegeben haben.

12. Das Gehänge der Thraniten- und Zygitenruder und die Behandlung dieser Ruder im Schiffe.

In Anschluß an die allgemeinen Betrachtungen über die attische Ruderkunst im Abschnitt III, dürfte an dieser Stelle wiederholt hervorzuheben sein, daß jeder Ruderer einer Kriegs-Triere sehr schnelle, präzise Bewegungen nach Kommando bei dem Ein- sowie Auslegen seines Ruders ausführen mußte. Jedes Wenden des eingezogenen Ruders in seiner Langrichtung war unzulässig, weil das in dem niedrigen, mit Ruderern ganz besetzten Raume unter dem Oberdeck des Schiffes ohne Störung und Belästigung der gesamten Rudermannschaft nicht ausgeführt werden konnte. Es mußte aber unbedingt möglich sein, daß jeder einzelne Ruderer sein Ruder für sich allein mit ein paar einexerzierten Griffen jederzeit einziehen und wieder auslegen konnte, ohne damit die geringste Störung seines Nachbarmannes sowie des ganzen Ruderbetriebes zu verursachen. — War ein Ruder eingezogen, konnte es nur quer im Schiff, unmittelbar an dem vor dem Rudersitze befindlichen Jochbalken, hinter der Bank des davor sitzenden Zygiten liegen, und zwar je zwei Ruder zusammen an dieser Stelle, das eines Thraniten und das eines Zygiten. Eine andere etwa mögliche Lage der eingezogenen aktiven Ruder im Schiff habe ich durch Konstruktionsversuche nicht ausfindig machen können. Daß aber so, wie oben beschrieben und auf Blatt 7 dargestellt, diejenige Lage der eingezogenen aktiven Ruder gefunden ist, welche im Betriebe tatsächlich die gebräuchliche war, ist an dem Reliefbilde vom Tempel der Fortuna zu Präneste, Blatt 8, zu erkennen. Der Künstler hat eine Reihe von eingezogenen Rudern, deren Enden unter der Parodos des Schiffes sichtbar sind, genau an der Stelle gezeichnet, die ich in der Querschnittszeichnung der Hexere, Blatt 7, als die einzig mögliche Lage dafür ausfindig gemacht habe. (Lotar Weber in seiner „Lösung des Trierenrätsels" sowie auch Aßmann in „Baumeisters Denkmäler des Altertumes" haben sich durch ihre vorgefaßten ganz falschen Meinungen verleiten lassen, das Relief von Präneste in der Reihe der eingezogenen Ruder, ihren individuellen Anschauungen folgend, unrichtig abzuzeichnen.)

Mit der nötigen Schnelligkeit des Ein- und Auslegens der Ruder ließ sich ein Erfordernis: jedesmal das Ruder mit einem Lederriemen oder einer Trosse, an der Auflagerstelle hängend, zu befestigen oder in diesem Verband zu lösen, durchaus nicht vereinigen. — Jede, an der gedachten Stelle immerfort zu wiederholende, Hantierung würde die Manöverierfähigkeit des Schiffes derart erschwert haben, daß es für die attische Kriegskunst überhaupt unbrauchbar gewesen sein würde. Da aber eine lockere Aufhängung der Ruder nötig war, um die Bewegung derselben zu erleichtern und ein Fortfallen zu verhindern, muß eine Einrichtung vorhanden gewesen sein, die das Ein- und Ausziehen der Ruder ohne jedesmalige Auflösung der Riemenverschnallung ermöglichte. Jedes Ruder der Thraniten und Zygiten mußte, solchen unbedingt nötig gewesenen Anforderungen entsprechend, in einem Ringe frei beweglich sich befinden, mit der es an drei ledernen Riemen oder Trossen von etwa ³/₄ bis 1 Meter Länge an der Ruderpforte festgehängt war. An der Ruderstange festsitzend, mußte sich ein Wulst oder Knaggen oder mindestens „ein Pflock" (Skalmos) befinden, der sich auf den hängenden Ring (Episkalmos?) setzte und so die Ruderstange schwebend hielt und sie verhinderte, fortzufallen. Bei dem Einziehen der Ruder mußte der hängende Ring in seiner Lage verbleiben, bis er von dem breiteren Ruderblatt erfaßt und mit diesem in das Schiff gezogen wurde. Um auch das Ruderblatt ganz zurückziehen zu können, mußte das lederne Gehänge des Ruderringes die oben angegebene Länge haben. — Obgleich nicht viele Andeutungen in der Geschichte über ein derartiges Ruderhängwerk aufzuweisen sind, ist doch wegen seiner Unentbehrlichkeit nicht zu bezweifeln, daß es vorhanden gewesen ist, und daß es ähnlich so wie beschrieben tatsächlich angebracht war, zeigt das Reliefbild von Präneste, Blatt 8. Das Gehänge war länger als es in diesem Reliefbilde scheint, weil die Ruder im Bilde schräg nach vorn stehend zu denken sind. — Ganz falsch sind die bislang hierzu gegebenen Erklärungen, wonach dies Ruderhängwerk am Relief als Askoma oder Wasserdichtung (s. IV, 13) bezeichnet ist, ohne zu bedenken, daß die hoch über dem Verdeck des Schiffes liegenden Ruder der Thraniten und Zygiten, nicht so wie die untersten Ruder der Thalamiten, einer Wasserdichtung an den Ruderpforten bedurften. — Die Unentbehrlichkeit der Ruderaufhängung ist aus einer Erzählung: Thukydides II, 93, zu erkennen: „Jeder Schiffsmann sollte mit seinem Ruder, Ruderkissen und Ruderriemen zu Land von Korinth an das nach Athen zu gelegene Meer gehen." (Um damit dort bereitliegende Schiffe zu besteigen.) Ferner sagt Pollux, 87, darüber: „Und (der Teil) woran die Ruder gehängt sind, heißt Skalmos (Pflock) und der, womit sie angebunden sind, Ruderriemen und (man sagt) ein Schiff mit Ruderriemen versehen. Das unter dem Skalmos (befindliche) heißt Episkalmos." —

Hierzu dürfte bemerkt werden, daß Skalmos auch Dolle übersetzt ist, damit wird aber doch nicht gesagt, daß jeder Pflock am Schiff eine Dolle ist. —

Pollux bemerkt, man sage „das Schiff sei mit Ruderriemen versehen," was nach der heute gebräuchlichen Redeweise „klar zum Gefecht" bedeuten dürfte.

13. Das Askoma und die Ruder der Thalamiten.

An den Kriegsschiffen, soweit sie nach der Bauart der hellenischen Trieren hergestellt wurden, war die Einrichtung der Thalamiten-Ruder das Eigentümlichste. Solche Schiffe mit ihrem zweistöckig aufgebauten Ruderwerk und mit ihrer geringen Höhenlage der untersten Ruderreihe über dem Wasser waren überhaupt nur einigermaßen seetüchtig zu halten, wenn man während des Betriebes alle untersten Ruderpforten wasserdicht machte. Zu diesem Zwecke dienten die auch in den Urkunden über das Seewesen des Attischen Staates besonders genannten ledernen Askomen. Aus oben genannten Urkunden hat Böckh aber nachgewiesen, daß die Askomen aus Leder verfertigt wurden und nicht zu den losen Geräten, sondern zu den mit dem Schiffe dauernd fest verbundenen Teilen gehörten, und der Komödiendichter Aristophanes (Acharner, Frösche) hat darüber Andeutungen gemacht, aus denen zu schließen ist, daß sie außen an der Schiffswand hängend angebracht waren. Beachtet man dazu noch das griechische Wort Askoma, welches nach Festus dem lateinischen Folliculus entspricht und aus beiden Sprachen „kleiner lederner Sack oder lederner Schlauch" übersetzt ist, so erscheint die gesuchte Einrichtung, wie sie notwendig sein mußte, klargestellt. — Nur eine Wasserabdichtung in Form eines Schlauches oder Ärmels konnte so angebracht sein, daß die nötige Beweglichkeit des Ruderns dadurch nicht behindert wurde. Alle in der Technik zu solchen Zwecken sonst noch gebräuchlichen Einrichtungen würden an der gedachten Stelle unbrauchbar gewesen sein. Es ist daher nicht zu bezweifeln, daß jedes Thalamitenruder mit einem ledernen Ärmel oder Schlauch versehen gewesen ist, welcher mit seinem breiteren Ende rundherum an der Ruderpforte mit Nägeln wasserdicht befestigt war. Mit dem anderen verengten Ende mußte dieser Ärmel die Ruderstange außenschiffs in Form einer Manschette umschlossen gehalten haben. Aber die Ruderstangen mußten an ihrer Berührungsstelle mit der ledernen Manschette mit einem hervortretenden, zylindrischen, runden und glatten Teile versehen sein, um die nötige Dichtung gegen Wasser auf solche Weise zu schaffen. Da die Schiffbauer diesem Teile des Thalamitenruders eine besondere Sorgfalt zuwenden mußten, besteht dafür auch eine besondere Benennung „Folliculare", wie der Grammatiker Festus (im 2. Jahrh. n. Chr.) erklärt hat: „Folliculare appellatur pars remi quae folliculo tecta est." — Das ist deutlich genug gesagt für Techniker. Böckh ist aber in seiner vorgefaßten falschen Meinung befangen geblieben, indem er zu den attischen Urkunden erläutert, das Askoma sei ein lederner Beschlag in den Ruderpforten gewesen. Er hat daher die Identität des Follikulus mit dem Askoma sowie den ganzen Zweck und die Notwendigkeit der Sache gar nicht erkannt. — Ich glaube aber auch nicht, daß man die Ruderpforten der Trieren mit ledernem Beschlag versehen hat, den man gewiß nicht Lederschlauch genannt haben würde. Bei der andauernden harten Ruderarbeit in solchen Schiffen hätte man etwa jeden dritten Tag das zermalmte Leder erneuern müssen. — Übrigens hat Suidas dazu geschrieben: „Askomen werden bei den Schiffen die an die Ruder gebundenen Leder genannt, damit die Ruder das Meerwasser nicht in das Schiff tragen."

Durch die durchaus nötige Anbringung der Askomen an den Thalamitenrudern wurde das völlige Einziehen derselben unmöglich gemacht. — Das erscheint aber unbedenklich, weil die nach innen zurückgezogenen und nach oben gewendeten Ruderblätter unter der vorstehenden Rudergalerie oder dem Thranos des Schiffes in einer gut gedeckten Lage sich befanden, wie das in der Querschnittszeichnung einer Triere, Blatt 3, dargestellt ist. Weil aber solche zurückgezogene und hochgelegte Thalamitenruder sowie auch die daran befindlichen ledernen Askomen durch außen an der Schiffswand entlang, im Wasser schwimmende Gegenstände beschädigt werden konnten, hat man außen am Schiff metallene Schutzstangen angebracht. — Nach dem Relief von der Akropolis, Blatt 2, waren dieselben dicke, jedenfalls metallene, von der Galerie schräg nach unten gerichtete Stangen. Anderen Zwecken können solche tatsächlich vorhanden gewesene Stangen nicht gedient haben. Man kann sie bei oberflächlicher Betrachtung als Thranosstützen ansehen, als solche würden sie aber überflüssig und jedenfalls zu lang gewesen sein. Sie dienten lediglich als Schutzstangen gegen vorübertreibende schwere Gegenstände und mußten zu solchem Zwecke bis auf die untere Langgurtung, wie das Akropolis-Relief erkennen läßt, nach unten reichen.

14. Das Steuerruder.

Nach zahlreich vorhandenen Darstellungen in alten Reliefbildern ist bekannt, daß die Schiffe des Altertumes nur mit zwei breiten Rudern am Hinterteile freihändig gesteuert wurden. Die dazu von Graser erdachte zu seinem „De veterum re navali" skizzierte, verkuppelte Steuereinrichtung dürfte als ein in jeder Hinsicht unbrauchbares Phantasiestück anzusehen sein, das einer näheren Betrachtung nicht wert ist. — Man sollte endlich einmal damit aufhören, solchen technischen Unsinn in neueren Lehrbüchern immer wieder als wahres Geschichts-Material vorzuführen und sogar als Modell öffentlich zur Schau zu stellen.

Gegenüber der Schiffssteuerung der Neuzeit hat die im Altertume gebräuchliche, mit je einem breiten Ruder an beiden Seiten des Schiffshinterteiles den Vorzug, daß man bei den verhältnismäßig kleinen Schiffen der Alten, wenn sie in Fahrt waren, dieselbe Wirkung mit dem alten Steuerruder wie mit einem modernen haben konnte, daß aber mit dem alten freihändig gebrauchten Steuerruder außerdem noch die Möglichkeit gegeben war, die Schiffslage energisch zu verändern, wenn die Fortbewegungsgeschwindigkeit eine sehr geringe oder gar das Schiff in Stillstand gekommen war. In solchem Falle würde ein modernes Steuer völlig außer Funktion geraten sein. Da aber die Fortbewegung der Ruderkriegsschiffe überhaupt eine geringe und die Steuerfähigkeit derselben auch bei Stillstand noch eine Notwendigkeit war, so ist wohl zu verstehen, daß man im Altertume sich nicht bemüht hat, andere als die bewährten freihändig gebrauchten

Steuerruder zu erfinden. Aber auch heute noch kann man (zum Beispiel am Rhein) beobachten, daß große gedeckte Schleppschiffe ohne Motor, wenn sie ohne treibende Kraft und unbelastet stromabwärts fahren, mit einem dazu bereit gehaltenen, 8 bis 10 Meter langen Ruder, ganz nach Art der Alten, freihändig gesteuert werden, weil die neue Steuereinrichtung in solchem Falle unbrauchbar ist.

15. Das Reliefbild einer attischen Triere von der Akropolis in Athen.

Das auf der Akropolis gefundene Fragment des Bildes einer Triere ist ein Flachrelief, in dem sich die Zeichnung nur um 1 bis 2 Millimeter Dicke aus dem Marmor abhebt. Es ist in dem Jahre 1852 von Lenormant an den Stufen des Erechteion entdeckt worden. Dieses ist das älteste Bauwerk der Akropolis, in dem sich die geheiligten Räume des Poseidon und der Athene befanden. Nach dem Fundorte ist zu vermuten, daß das Relief schon vor der Zeit der Vollendung des Parthenons (438 v. Chr.) vorhanden gewesen ist und bereits die Zerstörung der Burg durch die Perser (480 v. Chr.) mit erlitten hat. — Das Bildstück ist nur 0,14 Meter hoch und 0,43 Meter lang. Bei der ersten Prüfung desselben muß jedem im Entwerfen von Zeichnungen einigermaßen Kundigen auffallen, daß es nicht aus der Hand eines Phidias hervorgegangen zu sein scheint, da es mehr einer Werftzeichnung als dem Entwurfe eines Künstlers gleicht. Es ist nach dem Lineal, mit abgemessenen und abgezirkelten Linien, hergestellt, und ich möchte meinen, es sei eine von jenen Aufrissen der Werft, die ich in der Einleitung erwähnt habe, welche von einem Graveur plastisch ausgearbeitet worden ist, wobei die Absicht zugrunde liegen konnte: einen gewissen Trieren-Typus in dem Marmor an dem festen Hause des Poseidon für alle Zeiten zu verwahren. — Man dürfte vermuten, daß an jener Stelle noch mehrere derartige Reliefbilder von Schiffen unter Trümmern verborgen sich befinden. — Jetzt ist gerade dieses Reliefstück wegen seiner linearen Behandlung besonders wertvoll geworden, weil die Möglichkeit geboten ist, damit unmittelbar zu konstruieren.

So habe ich aus dem Relief den dazu gehörenden Schiffs-Querschnitt des Blattes 2 gezogen, und weiter habe ich damit im Wege der Konstruktion auch die größte Länge der Trieren-Ruder von 9 griechischen Ellen gefunden, die uns auch durch die Marmottafeln der attischen Schiffs-Verzeichnisse (Böckh III) urschriftlich überliefert worden ist. — Der Maßstab für das Reliefbild befindet sich in der Höhe eines ganz aufrecht sitzenden Ruderers, nämlich 0,80 Meter. Auch der Kapitän Josef Kopecky hat bei seiner Bearbeitung der attischen Triere die lineare maßstäbliche Zeichnung des Reliefs der Akropolis richtig erkannt. Er ist aber leider doch unter dem Einfluß seiner vorgefaßten irrigen Anschauungen zu einer ganz unrichtigen Konstruktion der Triere gelangt.

Um das richtige Bild der Triere in dem durch Verwitterung entstellten Relief erkennen zu können, muß man wissen, daß es eine Schrägprojektion ist. Die Sehlinie hat man sich nicht normal zu der Bildebene zu denken, sondern von der rechten Seite, schräg auf dieselbe gerichtet. Dann erkennt man, daß die gekrümmten Stützen, welche eine Bedachung oder das Oberdeck tragen, konkav aus der Bildebene hervortretend gezeichnet sind. Sie tragen den über den Galeriesäulen vorstehenden Rand des Oberdecks. Ferner erkennt man in dieser rechtsseitigen Schrägprojektion, daß die dritte Stange in je einer Rudergruppe kein Ruder darstellen soll, denn sie reicht nicht bis in das Wasser. Nur scheinbar stehen diese Stangen in dem Reliefbilde parallel mit den Rudern. Sie sind oben an dem Galerierande und unten an der Schiffswand befestigt und befinden sich in einer normal zur Bildfläche stehenden Ebene; deshalb erscheinen sie auch auf Blatt 2, unten links, in der danach konstruierten Seitenansicht als lotrechte Linien und daneben in der Zeichnung des Querschnitts als Dreiecks-Hypotenusen. Der Zweck dieser Stangen ist bereits in dem Abschnitt IV, 13, betreffend Askoma und Thalamitenruder, erläutert worden. — Die zweiten Stangen in den Rudergruppen sind die Zygitenruder deren obere Enden hinter der Saumschwelle der Galerie verschwinden. Die dazu gehörenden Ruderer sitzen hinter den vorn sichtbaren Thraniten, wie auf Blatt 2 im Querschnitt sowie auch auf Blatt 3 erkenntlich ist. Die ganz vorn befindlichen und deshalb in dem Relief auch kräftig herausgehobenen Linien der Ruderstangen der Thraniten werden ganz richtig nur durch die, über den Rudern befindliche, Laufbohle, die „Parodos", unterbrochen. Unten erkennt man die Thalamitenruder, deren Linien in dem Bilde oben in einer Rundung auslaufen, da wo die Ruder aus der Schiffswand hervortreten. — Im Hinblick auf die bildliche Darstellung der Zygiten- und Thalamitenruder in dem Relief muß auffallen, daß die zwei am Schiffe langlaufenden, bretternen Gurtungen mit den Ruderstangen in einer Ebene oder gar vor denselben zu liegen scheinen, obgleich diese zweifellos hinter den Rudern und mit der Schiffswand vernagelt sich befinden mußten. Diese Unvollkommenheit des Bildes ist offenbar nachher durch Verwitterung der obersten Schicht des eisenhaltigen Marmors entstanden, wie das wohl zu verstehen ist, wenn man bedenkt, daß alle im Hintergrunde des Reliefs befindlichen Konturen bei der sehr geringen Schichthöhe des ganzen Bildes nur schwach und zart ausgearbeitet sein konnten. Die äußerste Schicht des von Natur weichen Marmors mußte aber im Laufe der Jahrhunderte unter einer dichten schwarzen Schicht von mikroskopischen Moosen, womit das nahe am Boden befindliche Gestein auf der Akropolis überzogen ist, verwittern. Als nun endlich — vielleicht mit Messern oder derartigen scharfen Instrumenten — eine Reinigung des Marmors von eingewachsenen Moosen vorgenommen wurde, sind die feinsten Zeichnungen mit dem verwitterten und verbröckelten Material natürlich verschwunden. So ist auch zu erklären, daß die rechten Arme der Ruderer, die doch der Bildhauer zweifellos nicht vergessen hat, in Erscheinung treten zu lassen, bis auf einen nicht mehr sichtbar sind. Das bestätigt aber die Richtigkeit der obigen Erklärung.

Mehrere Trieren-Schriftsteller, auch Kopecky, haben in der Zeichnung des Oberdecks in dem Relief ein Geländer — Reling genannt — zu erkennen gemeint und sind damit zu ganz falschen Trierenkonstruktionen gekommen. — Daß aber mit den obersten zwei lang verlaufenden parallen Linien des Reliefs keine Geländerstange, sondern das breite, bei Trieren niemals fehlende Oberdeck gezeichnet ist, wird durch die Darstellung von den darauf lagernden Gegenständen erwiesen. Man erkennt darauf zusammengerollte Segel oder Decken und darin auch eine aus der ruhenden Lage sich leicht erhebende menschliche Gestalt, deren Kopf zertrümmert ist, in die Bildebene hineinschauend. Das gibt mir zu der Vermutung Anlaß, das ganze Reliefbild könnte vielleicht das Schiff der Phäaken dargestellt haben, auf dem Odysseus schlafend nach Ithaka gebracht wurde. — Obgleich nicht als einwandfrei anzusehen ist, ob zu Lebzeiten des Odysseus die Trieren bereits bekannt waren, so dürfte doch anzunehmen sein, daß etwa 500 Jahre später das Motiv zu dem Bilde der Odysseus-Sage entnommen wurde.

In dem Werke von Baumeister „Denkmäler des klassischen Altertumes, Band III, Seewesen", wird neben dem echten Akropolis-Relief die Skizze einer Triere aus der Hinterlassenschaft eines Cavaliere dal Pozzo vorgeführt, mit der Bemerkung, daß sie vermutlich nach einem alten verlorenen Relief angefertigt sein könne. Diese Annahme ist durchaus unzutreffend, weil in dem modernen Bildchen wesentliche Schiffsteile, wie Vorsteven und Schnabel, ganz falsch und zweckwidrig gezeichnet sind.

16. Zusammenstellung der Hauptmaße einer attischen Triere.

Zu den in der Querschnittszeichnung, Blatt 3, eingetragenen Breiten- und Höhenmaßen erübrigt noch eine Ermittelung der Trierenlänge.

Erwiesen ist, daß in einer attischen Triere 150 Ruderer in 6 Langreihen Sitze hatten. Es saßen demnach 25 Ruderer hintereinander. — Die Entfernung eines sitzenden Ruderers von seinem Vordermann, welche die Römer das Interscalium nannten, betrug nach Vitruvius 0,93 Meter. Dieses Maß erscheint aber ein paar Zoll zu klein, wenn man bedenkt, daß ein am Rudern zeitweilig behinderter Mann zwischen rudernden Leuten in aufrechtsitzender Haltung verweilen mußte, ohne Stöße von dem rudernden Hintermann erleiden zu müssen. Wahrscheinlich ist, daß ein Trieren-Interscalium gerade 3 attische Fuß oder 0,984 Meter betragen hat. Das ist weder zuwenig noch zuviel, und das Gutachten eines alten Römers ist dazu nicht weiter nötig, weil diese Zahl nur von den nach wie vor bekannten Gliedermaßen des menschlichen Körpers abhängig ist. — Danach muß der ganze Raum der Ruderer 26 Meter lang gewesen sein. Hinten im Schiff war für den Stand der Steuerleute und für eine Kabine des Trierarchen ein Raum von 4 Meter Länge nötig und im spitz auslaufenden Vorderteile ein solcher von 3 Meter Länge. Endlich ist noch ein Gesamtmaß von 1 Meter für die Dicken der Vor- und Achtersteven hinzuzurechnen. Die Länge der attischen Triere zwischen den Lotlinien der Steven dürfte hiernach 34 Meter betragen haben. Die Länge des Schiffsschnabels (vgl. Abschn. IV, 5) war, vom Steven gemessen, 1,8 Meter oder rund 2 Meter, und damit betrug die ganze Kiellänge des Schiffes 36 Meter.

Mit dieser Ergänzung ist die Maßenzusammenstellung folgende:

Schiffslänge im Kiel . . . . 36,— Meter.
Schiffslänge zwischen den Steven . . . . . 34,— "
Schiffsbreite in den Planken . . . . 3,57 "
Schiffsbreite mit den Ruder-Galerien . . . . 5,80 "
Tiefgang . . . . 1,50 "
Höhe vom Wasserspiegel bis zum Lagerpunkt der
   Thranitenruder . . . . 1,20 "
Höhe der Parodos über dem Wasserspiegel . . 1,50 "
Höhe des Oberdecks über dem Wasserspiegel . 2,60 "
Höhe des Vorstevens über dem Wasserspiegel . 4,60 "
Größte, ganze Länge eines Ruders . . . . . 4,43 "

Zahl der aktiven Ruder 150.

Größte Fortbewegungs-Geschwindigkeit der allein mit Rudern betriebenen Triere 5,6 Kilometer in einer Stunde oder 3 Knoten.

Obgleich die vorstehend vermerkten Maße der Länge und Breite des Schiffes mit Vorsicht und größter Wahrscheinlichkeit ermittelt worden sind, erschien es mir doch noch wünschenswert, gerade diese Maße auf anderen Wegen einer Kontrolle unterziehen zu können. Aufschluß darüber habe ich nachträglich in dem Werke von Curt Wachsmuth „Die Stadt Athen im Altertum, Band II", und in einer Veröffentlichung des Professors

Dr. Wilhelm Dörpfeld in den „Praktika der Archäologischen Gesellschaft in Athen vom Jahre 1885" gefunden. Wachsmuth hat hierzu a. a. O. berichtet, daß zur Zeit des Staatsmanns Lykurgos, 330 v. Chr., in Athen an den Häfen Zea, Munychia und Kantharos ganz massiv aus piräischem Gestein Schiffshäuser gebaut waren, mit 372 Hellingen für die Trieren. Die Fundamente dieser Bauwerke sind aufgedeckt, und Dörpfeld hat danach einen auf Blatt 1, Figur 4, skizzierten Grundriß sowie eine Rekonstruktionszeichnung angefertigt. Die Scheidung der einzelnen Schiffsstände voneinander war lediglich durch lange, mit den Hellingen parallel laufende Reihen von runden unkannelierten freistehenden Säulen gebildet, die als Dachträger gedient haben. Die lichte Weite zwischen diesen Säulen hat Dörpfeld gemessen, sie ist 5,92 Meter in der noch vorhandenen Höhenlage der Säulenbasis. Da aber der Durchmesser der Säulen oben etwas geringer als unten gewesen sein muß, so dürfte die mittlere lichte Weite zwischen den Säulen 6 Meter betragen haben. Dahinein paßte die Triere, Blatt 3, mit einer Breite von 5,8 Meter und einem nötigen Spielraum von 0,1 Meter an beiden Seiten auffallend gut. — Die Fundamente der steinernen Säulen und der Hellinge sind in dem nach dem Meere hin sich abdachenden Felsboden eingebettet und erstrecken sich, ganz nach Art der Schiffshellinge der Neuzeit, noch bis auf eine Länge von 6 Metern abwärts unter dem Wasserspiegel. Die ganze Länge jedes Schiffsstandes, vom Hafen bis an die Hinterwand des Gebäudes gemessen, beträgt 44 Meter, rechnet man hiervon ab den unter dem Wasser befindlichen Teil von 6 Meter Länge und die Breite eines Umgangs von 2 Metern an der Hinterwand, so verbleibt für jede Triere eine Standlänge von 36 Metern. (Ich habe auf Blatt 1 eine Triere von 38 Meter Länge gezeichnet, weil ich vermute, daß auch einige Schiffe mit einem etwa 2 Meter längerem Hinterteile vorhanden gewesen sind.) Diese zufällige ganz genaue Übereinstimmung der Längen- und Breitenmaße einer Triere mit den Maßen der ausgegrabenen Reste der Schiffshäuser legt die Vermutung nahe, daß ich bei meiner Konstruktion davon ausgegangen sei. Tatsächlich habe ich aber auf ganz anderen Unterlagen die Trierenmaße entwickelt, bevor mir die vom Professor Dr. Dörpfeld gemessenen Größen der Schiffshäuser bekannt geworden waren. Es spricht daher das Zusammentreffen der ganz unabhängig von den Gebäudeweiten ermittelten Schiffsmaße für die Richtigkeit derselben. Zugleich hat sich bei der Betrachtung der Trierenhäuser noch eine besondere Eigentümlichkeit der „attischen" Trieren zu erkennen gegeben. — Die geringste Breite derselben habe ich nach den Gliedermaßen des Menschen zeichnerisch ermittelt, und diese stimmt überein mit der überall gleichgroßen lichten Weite der Schiffshäuser. Die Trieren der „Athener" waren daher nicht in ihrer Mitte breiter als an ihren Enden, sondern von vorn bis hinten gleich breit. Sie charakterisierten sich dadurch auch, im Gegensatz zu den gewöhnlich in der Mitte ausgebauchten Schiffen, als die „langen Schiffe", wie sie von den Griechen allgemein benannt wurden.

Bemerkungen.

Am Schlusse dieses Abschnitts über die attische Triere dürfte eine Bemerkung über die, von Josef Kopecky erdachte Konstruktion einer attischen Triere Platz finden:

Die Trierenkonstruktion von Kopecky ist trotz der sorgsamen Vorarbeiten und schätzenswerten Einzelerklärungen leider völlig mißraten. — Ein so gedachtes Schiff könnte mit seinen Rudern kaum von der Stelle bewegt werden, weil in seinem Ruderwerke Ruder mit drei voneinander sehr verschiedenen Teilungsverhältnissen vorhanden sind. Eine solche attische Triere hätte in den attischen Häfen keinen Platz erhalten können, weil es beinahe 2 Meter zu breit dazu ist. — Es hätte nicht regelrecht verteidigt werden können, weil das dazu unentbehrliche Oberdeck und Platz für die Hopliten und Bogenschützen fehlt. — Es durfte nicht gestoßen werden, weil eine durchaus nötige Querbalkenlage in Bordhöhe fehlte. — Die Thalamiten könnten auf ihren Plätzen überhaupt nicht rudern, weil ihnen dazu Ellbogenfreiheit und zwischen den Rudern der Zygiten der Platz für ihren Kopf fehlte. — Das Schiff durfte niemals bei Sturmwind auf dem offenen Meere sein, weil es keine Sturzwelle vertragen konnte. —

Kurz gesagt: das Schiff Kopecky's ist keine Triere. Es ist in mehrfacher Hinsicht bestimmungswidrig und der Geschichte nicht entsprechend erdacht. — Letzteres gilt auch für mehrere andere Rekonstruktionsentwürfe zur Triere.

V. Die attische Tetrere.
Blatt 4.

Bis zu der attischen „Triere" kann man im Wege der natürlichen Entwickelung die Frage unberührt lassen, ob des Wortes ursprüngliche Bedeutung aus der Reihenzahl der Ruder oder aus der Reihenzahl der Ruderleute abzuleiten ist, da beide Annahmen zu einem und demselben Ergebnis, nämlich zu der attischen Triere führen. Ob aber die Tetreren, Penteren und Hexeren nach den Reihen der Ruder oder nach den Langreihen der Ruderplätze benannt worden sind, wird an dieser Stelle ins Auge zu fassen sein. Jeder der geneigt ist, die Betrachtungen über Schiffe im Altertum weiter fortzusetzen, wird hier am Scheidewege stehen, wo er nach der einen Richtung mit Graser einen Salto mortale bis in das Übernatürliche wagen möchte, oder nach der anderen Richtung mit dem Techniker, an der Hand der Geschichte, weitergehen will. — Einen Schritt weiter kann man allerdings noch zusammen gehen, ohne auf Unsinn zu stoßen, wie ich nach allen Seiten prüfend getan habe. Ich habe nämlich einen Entwurf eines Schiffes mit vier Reihen von Rudern (anfänglich in der Meinung, ich sei dabei noch auf dem rechten Wege) ausgearbeitet. Die danach erkannte größte Ruderlänge von $5^1/_2$ Meter ist allerdings noch praktisch brauchbar, was ich mit einem besonders dazu angefertigten Ruder und mit einem Rudermann durch Versuche festgestellt habe. Damit zeigte sich aber das Ende einer weiteren Entwickelung nach dieser Richtung. Zugleich habe ich daran erkannt, daß solch ein Schiff nicht diejenige attische Tetrere ist, die ich auf Grund der Urkunden über das Seewesen des attischen Staates (Böckh III) zu erreichen wünschte. Zunächst entnehmen wir diesen Urkunden, betreffs der Tetreren, daß die Athener in dem Jahre 331 v. Chr. angefangen haben, solche Schiffe in Betrieb zu setzen. Sie folgten wahrscheinlich dem Beispiele der Syrakusaner, die schon 40 Jahre früher Tetreren in Gebrauch hatten. Die Athener werden sich zögernd verhalten haben, zu dem Bau von Tetreren überzugehen, weil diese breiter als ihre Trieren sein mußten und deshalb in den erst neu und massiv errichteten Schiffshäusern keinen Platz erhalten konnten. — Im Jahre 383 v. Chr. besaßen sie nur 383 Trieren, im Jahre 331 waren 392 Trieren und 19 Tetreren vorhanden, und im Jahre 320 war die Zahl der Trieren auf 360 abgefallen, aber die der Tetreren auf 50 gestiegen, wozu die Großzügigkeit Alexanders von Mazedonien vermutlich beigetragen hat.

Einen Wink, welchen der beiden Entwickelungswege ihres Schiffbaus die Athener genommen haben, geben die attischen Seeurkunden (Böckh III, Abschn. IX) in unzweideutiger Weise. Darin ist vermerkt, daß Trierarchen, die von Trieren auf Tetreren übergegangen sind, das Ruderwerk von ihrem vorigen Schiffe, der Triere, mitgenommen haben, selbstverständlich, um es auf der Tetrere zu gebrauchen. — Das war auf allen Ruderplätzen einer Tetrere nach der Zeichnung des Blattes 4 ohne weiteres möglich, wenn auf derselben die Zygitenruder an etwas verlängerten Rudergriffen durch je einen sitzenden Ruderführer und einen daneben stehenden Rudergehilfen betrieben wurden. — Da in solchem Falle der theoretische Teilpunkt des Ruders an der Hand des sitzenden Zygiten sich befinden mußte, um mit den Thraniten und Thalamiten Schlag halten zu können, konnte dieser auch allein, ohne den stehenden Ruderer mit einem gewöhnlichen Triererruder von 9 gr. Ellen Länge in der Tetrere rudern. In dem Falle war die Tetrere nichts anderes als eine, in der Mitte breiter gebaute Triere. Wurden die stehenden Ruder mittschiffs eingestellt, was die Triere zu einer Tetrere machte, mußten diese weiter als die sitzenden Ruderer, zwecks Schlaghaltens ausgreifen und das konnten sie nur, wenn sie stehend ruderten. Eine Verlängerung des Rudergriffs der Zygitenruder um $1/2$ gr. Elle dürfte genügt haben. Solche $9^{1}/_{2}$ Ellen lange Ruder sind in den attischen Urkunden auch verzeichnet. Der Rudergehilfe wird aber vernünftigerweise wie gezeichnet, eine umgekehrte Stellung eingenommen haben. So konnten die zwei Ruderer dicht zusammen, überkreuz greifend, das Ruder zweckmäßig fassen, ohne sich beim Rudern mit ihren Ellbogen gegenseitig zu stoßen. Selbstverständlich konnten auch zwei sitzende Ruderer an dem Zygitenruder nebeneinander tätig sein, aber das dazu passende Rudermaß mußte in dem Falle etwas verlängert sein, und wenn man aushilfsweise nur mit einem Mann und einem gewöhnlichen Trierenruder vom Zygitenplatze aus rudern lassen wollte, mußte letzterer in der Breitenrichtung etwas verschieblich oder entsprechend lang eingerichtet sein. Übrigens blieb die Tetrere im wesentlichen so wie sie auf Blatt 4 gezeichnet ist. — Mit einer solchen doppelten Kraft an dem Zygitenruder konnte aber auch ein Ruder mit einem größeren Ruderblatt verwendet werden, was natürlich mehr zur Fortbewegung des Schiffes beitrug als ein Ruder mit einem Mann. Damit bestätigt sich das, was Aristoteles a. a. O. gelehrt hat, wobei er aber die nicht dahin gehörenden Grundlehren vom zweiarmigen Hebel — wenn die Niederschrift richtig ist — auf den Kopf gestellt und die doppelte Kraft am verlängerten Rudergriff nicht erwähnt hat. Letzteres könnte man wohl verstehen, denn man pflegt über Dinge, die jedermann der Zuhörerschaft aus alltäglicher Anschauung kennt, nicht viele Worte zu verlieren.

Aristoteles scheint sich gern mit der „Neuheit seiner Zeit, nämlich mit der Tetrere", befaßt zu haben. So hat er (Teile der lebenden Wesen, IV. 10) den Mittelfinger der Hand des Menschen mit einem Ruder mitten im Schiff verglichen. „Der Mittelfinger ist lang wie das Ruder mitten im Schiff." — Diesen Gedanken hat später, im zweiten Jahrhundert n. Chr., der Arzt Galenos in Rom wieder aufgenommen. (Menschl. Körper I. 24.) Er erklärt, daß die Finger der ausgestreckten Hand verschieden lang und in der Mitte am längsten seien, aber doch die auf die Handfläche eingebeugten Finger gleichlang zu sein schienen, und weiter wörtlich: „Ich meine, wie bei den Trieren die jenseitigen Enden der Ruder ins gleiche kommen, obwohl sie nicht alle gleich sind, denn auch dort macht man zu demselben Zwecke die mittelsten am längsten."

Er verweist auf eine Triere, wird aber die seiner Zeit, nämlich die der liburnischen Bauart, gemeint haben, mit drei Ruderleuten an einem Ruder mitten im Schiff und mit einem oder auch zwei Mann an den Rudergriffen der an den schmäleren Enden des Schiffes befindlichen Plätze; alle Ruder in nur einer „Langreihe". Für solche Trieren paßte die obige Betrachtung des Galenos geradeso gut wie für die attischen Tetreren zur Zeit des Aristoteles, aber für die älteren attischen Trieren ist sie durchaus nicht anwendbar, weil bei diesen alle Ruder in je einer Langreihe miteinander von ganz gleicher Länge waren, und nur je ein Mann die Trierenruder führte. — Diese Mittelfinger-Betrachtungen hat man nun in unserer Trieren-Literatur durchaus für die attische Triere anwenden wollen, aber man war doch sehr im Zweifel, ob man die drei Ruder in der Querrichtung des Schiffes oder Ruder in der Langrichtung desselben zu betrachten habe und ob etwa solch ein Ruderspiel an den inneren oder an den äußeren Enden der Ruder zu beobachten sei. So ist die viel umstrittene Erklärung des Aristoteles und des Galenos zu einem Rätsel geworden, dessen richtige Lösung ich beim Konstruieren von Einzelteilen der Ruderschiffe erkannt zu haben meine. — Bei den attischen Tetreren, sowie überhaupt bei allen Ruderschiffen mit teils einem, teils zwei Mann an Rudern in einer und derselben Ruderreihe konnte man beobachten, daß die aus dem Wasser gehobenen, vorgestreckten, doppelt besetzten Ruder so wie der Mittelfinger der Hand etwas länger als die nur mit einem Mann bewegten Ruder in derselben Reihe vorstanden, aber daß alle in das Wasser eingetauchten Ruderenden auf der Wasseroberfläche in einer Reihe standen. — Die Ruder in der Mitte des Schiffes wurden mit doppelter Kraft betrieben, deshalb konnten die Ruderblätter derselben entsprechend breiter und etwas länger als die der einfach betriebenen Ruder sein, aber der Mittelpunkt des Drucks an dem im Wasser eingetauchten Ruderblatt und damit das Teilungsverhältnis des Ruders wurde damit nicht verschoben, sofern das Ruder tief genug, so wie es sollte, eingetaucht wurde. Der Aufseher der Rudermannschaft (Pentekontarch) wird dieses Ruderspiel, immer streng kontrollierend vom Deck aus im Auge gehalten haben, um einzelne Ruderer am Doppelruder zu erkennen, die durch ein zu geringes Eintauchen sich die Arbeit leicht machen wollten und in dem Falle ihr Ruder mit dem längeren Ruderblatt nicht so wie der Mittelfinger auf der flachen Hand mit den anderen, mit nur einem Mann betriebenen Rudern in der Wasserfläche gleich einstellten. Das werden auch Schiffspassagiere — sagen wir ein Aristoteles und später ein Galenos — verschiedentlich, nach dem Beispiel des Aufsehers, beobachtet und gelegentlich wissenschaftlich erörtert haben.

VI. Die Quinquereme oder Pentere trierischer Bauart.
Zeichnung Blatt 5.

Da nicht bezweifelt werden kann, daß die Alten so gut wie wir heute wissen oder weit besser als wir wußten, daß zwei und auch noch drei Ruderer, sitzend oder stehend, an einem Ruder, ohne entgegenstehende erhebliche Bedenken technischer Art, arbeiten können, so werden sie nur auf diese einzig und allein mögliche Weise, nämlich durch Vermehrung der Ruderplätze an einem und demselben Ruder, unter vernünftiger Rücksichtnahme auf die Höhenlage des Schiffes und auf die brauchbaren Ruderlängen, den Schiffbau noch weiter ausgebildet haben. Dabei waren drei Bauarten möglich. Entweder konnte man den trierischen Bau mit drei Ruderreihen beibehalten und weiter ausbilden, oder man konnte zu der liburnischen Bauart mit zwei Ruderreihen, Abschn. VIII, übergehen, oder man konnte auf den Bau der einreihigen Ruderschiffe zurückgreifen, der aber für Penteren mit fünf Ruderleuten an einem Rudergriff ausgebildet sein müßte. Der letztgenannte Weg würde einer erheblichen Verschlechterung gleichkommen, weil die Ausnutzung der Menschenkräfte mit mehr als drei Mann an einem Rudergriff einen zu geringen Nutzeffekt liefern würde und deshalb die Anwendung eines solchen Rudersystems den Alten, als sie gerade auf der Höhe ihrer Schiffsbaukunst standen, gar nicht zugetraut werden darf. Der liburnische Schiffbautypus, obgleich er damals schon, in seiner Anwendung zum Bau von Seeräuberschiffen, uralt gewesen sein wird, ist erst um das Jahr 242 v. Chr. (Polybios I, 13. 59) für große Kriegsschiffe zuerst verwendet worden, nämlich zu einer Zeit, als bereits seit 100 Jahren Penteren allgemein im Gebrauch sich befanden. — Die ersten Penteren, welche einem Zeitabschnitt zwischen 350 und 250 v. Chr. angehören, müssen daher solche trierischer Bauart gewesen sein, und diese waren ja auch im natürlichen Entwickelungsgange die nächststehenden. Von dem vorher aufgeführten dritten Bautypus kann aber für Penteren aus den vorher aufgeführten Gründen keine Rede sein, wenn auch nicht als ausgeschlossen anzusehen ist, daß bei dem Bau von einzelnen Schiffen mißglückte Versuche damit gemacht worden sind.

Die Möglichkeit, auf Trieren, wo sie in der Mitte breit genug waren, die Zygitenruder durch je zwei Ruderleute betreiben zu lassen, ist in dem vorherigen Abschnitt und durch die Zeichnung Blatt 4 erläutert worden. Damit war aber auch der Bau der Penteren unmittelbar vorgezeichnet, denn es konnten keine Bedenken entgegenstehen, nicht nur die Ruder der Zygiten, sondern auch die der Thraniten mit je zwei Ruderern besetzen zu lassen. Dazu bedurfte es selbstverständlich einer Verbreiterung des Thranos.

Auch bei den Penteren bestand so wie bei den Tetreren die Möglichkeit, unter der Annahme einer Bordhöhe von 1,2 Metern, die Trierenruder gebrauchen zu können. Ich glaube aber, daß man später, als die Penteren in der Mehrzahl vorhanden waren, vorgezogen haben wird, bei den schwereren Schiffen die Bordhöhe zwecks Abwendung von Spritzwellen im Seegang, höher als bei den leichten Trieren anzunehmen. Ich habe daher auf Blatt 5 eine Bordhöhe von 1,45 Metern gezeichnet.

Die Zahlen der Ruderleute und Seesoldaten der römischen Quinqueremen, welche im Jahre 256 v. Chr. im Betriebe sich befanden — also noch vor Beginn der Bauperiode des liburnischen Typus — hat der Geschichtsschreiber Polybios überliefert. Dieser war im letzten punischen Kriege unter Scipio Aemilianos, mit dem er befreundet war, der Führer eines römischen Flottengeschwaders an der afrikanischen Küste. Seine Angaben über Schiffe sind daher die eines Fachmannes und Augenzeugen. Er hat in seinem 1. Buche, Kapitel 5, 26 geschrieben: „Das ganze

Heer derselben (Römer) zur See bestand nun aus etwa einhundertvierzigtausend Mann, wobei man sich denken muß, daß jedes Schiff (Quinquereme) für sich dreihundert Ruderer und einhundertundzwanzig Seesoldaten aufnahm." — Da nach der Zeichnung, Blatt 5, zu je 10 Ruderleuten 6 Ruder gehörten, war die Zahl der aktiven Ruder im ganzen 180. An jeder Seite des Schiffes befanden sich danach 90 Ruder in drei Reihen oder 30 in einer Reihe. Das erforderte eine Raumlänge von 31 Metern im Schiff. — Für die Mannschaften im Schiff ist selbstverständlich auch noch Raum nötig gewesen, wozu der Thalamos, unten, nicht ausreichen konnte und auch wenig geeignet war. Man wird daher mit der Annahme einer Schiffslänge von 50 Metern zwischen den Steven nicht erheblich fehlgreifen.

Wahrscheinlich waren die Penteren mit zwei Masten versehen, so wie die Trieren. Böckh hat allerdings gemeint, für Schiffe dieser Art in den attischen Seeurkunden drei Maste erkannt zu haben, das wird aber auf seiner unzutreffenden Erklärung des Wortes „perineo" beruhen, wie ich das bereits im Abschnitt IV, 11 zu dem sogenannten Perineo-Ruder erklärt habe.

Zusammenstellung der Hauptmaße einer Pentere trierischer Bauart.

Schiffslänge mit dem Schnabel	52 Meter
„ zwischen den Steven	50 „
Größte Schiffsbreite zwischen den Planken	6,6 „
„ „ in der Rudergalerie	8,62 „
Tiefgang	2,42 „
Bordhöhe	1,45 „
Höhe des obersten Decks über Wasser	3,81 „
„ „ Vorsteven über Wasser	5,81 „
Größte Ruderlänge (ganze)	5,95 „
davon die Länge außenschiffs	3,9 „
Zahl der aktiven Ruder	180
„ „ „ Ruderleute	300
Fahrgeschwindigkeit des allein mit Rudern betriebenen Schiffes	5,6 Kilometer in einer Stunde.

VII. Sechs- und Siebenreihen-Ruderschiffe trierischer Bauart.

In dem Abschnitt V habe ich nachgewiesen, wie eine Triere, welche in der Mitte ausgebaucht oder breiter als an ihren Enden gebaut war, durch Einstellung eines stehenden Hilfsruderers in eine Tetrere verwandelt werden konnte. Geradeso war auch die Möglichkeit geboten, ohne konstruktive Änderungen eine Pentere zu einer Hexere zu machen, dadurch, daß man in der Mitte des Schiffs, da wo in der Deckbreite noch Raum verfügbar war, neben den zwei sitzenden Ruderern an einem und demselben Rudergriff noch einen stehenden Ruderer einstellte, der weiter als die sitzenden Ruderer zwecks Schlaghaltens ausgreifen konnte. Der theoretische Ruderteilpunkt am Rudergriff mußte auch in diesem Falle an der Hand des in der Mitte des Rudergriffs sitzenden Ruderers sich befinden. — Hiernach kann die Zeichnung des Blattes 5 von der Pentere auch als die einer Hexere angesehen werden, wenn man sich dazu den Mittelquerschnitt denkt mit dem stehenden dritten Ruderer in der Langreihe der Zygiten. Nach dem Muster Blatt 4.

Das weitere Streben nach Vergrößerung der Ruderkraft führt noch, am Ende dieses Entwickelungsganges, zu der Heptere. Zu dieser gelangt man durch Erbreiterung des Thranos einer Pentere, derart, daß auch die Thranitenruder in den mittleren Langreihen mit je zwei sitzenden und einem stehenden Ruderer — alle drei Thraniten — besetzt werden. (Kopecky hat in seinem Werke: „Die Attische Triere" geschrieben, man wisse nicht, wie weit der Thranos innenschiffs sich befunden habe. Davon kann nach des Wortes ursprünglicher Bedeutung keine Rede sein, denn er konnte sich nur außenschiffs befinden, wie ich das im Abschnitt IV, 2 nachgewiesen habe).

Allgemeine Verwendung haben die Sechs- und Siebenreihen-Ruderschiffe nicht gefunden. In der Geschichte zeigen sie sich nur vereinzelt als Schiffe der Könige und der Feldherren, sie müssen aber praktisch brauchbar gewesen sein, weil sie nicht nur als Parabeschiffe, sondern auch in Schlachten verwendet worden sind, wie u. a. die folgenden Beispiele erkennen lassen. Als im Jahre 256 v. Chr. die Römer mit einer großen Flotte gegen die Karthager in Schlachtordnung ausfuhren, hatten sie zuvorderst zwei Hexeren, auf welchen die Feldherren sich befanden, aufgestellt, danach folgten zu beiden Seiten Penteren und Transportschiffe (Polybios I, 5, 26). — Im Jahre 260 v. Chr. führte der Feldherr Hannibal (nicht der berühmte, sondern Sohn des Gisco) eine Flotte der Karthager in einer Heptere, die früher dem Könige Pyrrhus gehört hatte. (Polybios I, 4, 23). Dieses Schiff kam dann in den Besitz der Römer.

Noch andere geschichtliche Tatsachen, welche einer späteren Zeit angehören, liegen vor, aber diese betreffen nicht die trierische sondern die liburnische Bauart.

VIII. Übergang zu dem liburnischen Schiffbautypus. 250 v. Chr.

Liburnia nannten die Römer das inselreiche Küstenland an der Ostseite der Adria. Es gehörte zu Illyrien, welches West-Kroatien und Nord-Dalmatien umfaßte. — Die Illyrier waren verwegene Räuber zu Wasser und zu Land und mutige Seefahrer in einstöckig gebauten, nicht erheblich großen Ruder- und Segelschiffen mit Schnabel.

Der wesentliche Unterschied des liburnischen Bautypus gegenüber dem trierischen bestand darin, daß der untere Ruderraum, der Thalamos mit den Thalamiten ganz fehlte.

Die Römer haben die liburnische Bauart, trotz ihres Mangels an Erfindungsgabe, mit besonderem Eifer entwickelt, aber nicht im Wege vom kleinen zum großen, sondern sie haben, im Jahre 242 v. Chr. beginnend, eine große Zahl von Penteren nach solchem Bautypus hergestellt, um den Karthagern auf dem Meere gewachsen zu sein. Als aber die Römer später von den ihnen immer unbequem gewesenen großen Schlachtschiffen absehen konnten, erscheinen bei ihnen zur Zeit des Kaisers Trajanus kleinere Liburnen als Kriegsschiffe, wie sie noch an der Trajanssäule in Rom — in ihren Maßverhältnissen durch Künstlerphantasie entstellt — abgebildet sich befinden. — Die Periode des Baus der großen und größten liburnischen Schlachtschiffe umfaßt die letzten 250 Jahre v. Chr.

Solche Schiffe waren mit einem völlig wasserdicht zu haltenden Verdeck versehen und konnten damit bei stürmischem Wetter in Fahrt bleiben, wenn eine attische Triere an der Küste Schutz suchen mußte. Die Betriebsunterhaltung einer Liburne muß erheblich billiger als die einer Triere gewesen sein, weil bei ihr eine untere Ruderreihe, nämlich die thalamitische, nicht vorhanden war und damit die wasserdichten, ledernen Ärmel der Ruder, die sog. Askomen, welche erhebliche Unterhaltungskosten verursachten, in Wegfall kamen. — Wenn trotzdem die Schiffe der attisch-trierischen Bauart bis zum Beginn der römischen Vorherrschaft bevorzugt wurden, so müssen überwiegende Gründe dazu vorhanden gewesen sein. Diese sind darin zu erkennen, daß unter der Rudergalerie des Schiffes die Thalamitenruder in Deckung sich befanden, mit denen auch in dem Falle noch weiter gerudert werden konnte, wenn das Schiff mit seinen Gegnern ins Gedränge geraten war. Neben solchem strategischen Vorteil einer Triere gegenüber der Liburne ist aber auch noch ein wirtschaftlicher zugunsten der Triere unverkennbar. Dieser liegt in der Ausnutzung der Sklaverei. Allerdings ist in der Geschichte der Griechen darüber geschrieben, daß die Seeleute freie Bürger gewesen seien. Das bezieht sich aber immer nur auf das Schiffsvolk oben auf Deck, in den zwei oberen Ruderreihen. Die unteren leibeigenen Ruderknechte in dem Thalamos gehörten dazu nicht. Diese waren Ersatzpersonen für ausgeloste, dienstpflichtige Bürger, auch waren sie Menschen, die man gelegentlich irgendwo geraubt hatte, wie das die Griechen mit Vorliebe zu tun pflegten (Plutarch: Phokion 11 und derselbe: Antonius 62). Diese rechtlosen Thalamiten mußten von der obersten freien, unverschämten und diebischen Schiffsmannschaft die schlechteste Behandlung erdulden, ohne sich beklagen zu dürfen (Aristophanes: Frösche 1075—80). Sie erhielten wenig Geld, um ihnen das Fortlaufen unmöglich zu machen. — In dem Thalamos der attischen Trieren hatten aber die Griechen ihre billigste, vorteilhafteste und wirksamste Betriebskraft, wie ich das im Abschnitt IV nachgewiesen habe. Dieser untere, rund umschlossene Ruderraum des Schiffes muß für die geknechtete, unfreie Menschheit eine Hölle gewesen sein, die mit Einführung der liburnischen Schiffbauart im Marinewesen der Römer verschwunden ist.

IX. Die punische Tetrere liburnischer Bauart.
(Berichtigung zu Blatt 6: Der Querschnitt, wie gezeichnet, ist nicht vorn, sondern hinten im Schiff.)

„Punische Tetrere" kann man das auf dem Blatte 6 im Querschnitt gezeichnete Schiff nennen, weil es zu der Zeit des ersten punischen Krieges (264 bis 241 v. Chr.) bei den Karthagern, Aufsehen erregend, in Erscheinung getreten ist. Polybios erzählt uns darüber in seinem 1. Buche, Kapitel 11 [47], daß ein Seefahrer Hannibal, mit dem Beinamen „der Rhodier", sich in Karthago erboten habe, mit seiner Tetrere der von den Römern belagerten, auf Sizilien belegenen, karthagischen Stadt Lilybäum Hilfsmannschaften zuführen zu wollen, trotz der davor liegenden römischen Flotte. Er führte dieses Unternehmen wiederholt mit einer solchen Kühnheit und Sicherheit durch, daß die Römer, als sie schließlich doch den Rhodier durch Überlistung gefangen hatten, schleunigst 200 Schiffe nach der Bauart seines Schiffes herstellen ließen. Polybios sagt a. a. O., daß diese Tetrere „ausgezeichnet in der Einrichtung ihres Baues" gewesen sei, und Livius, XXX, 25, berichtet über solch eine karthagische Tetrere, sie sei niedriger als die damals gebräuchlichen Penteren der Römer gewesen. Wenn aber diese Schiffe nach Polybios besser, auch mit geringerem Tiefgang und nach Livius niedriger als die römischen Schiffe gleicher Art gebaut waren, so sind sie keine Schiffe trierischer Bauart gewesen. Daneben bestanden die monerische Bauart, die in diesem Falle mit vier Ruderern an nur einem Griff versehen sein mußte, und die liburnische Bauart. — Andere als diese drei gedachten Bauarten gibt es überhaupt nicht. — Von der monerischen Bauart kann bei Tetreren zu der Zeit, als die

Karthager noch auf die attische Manöverierfähigkeit mit Rudern (Abschnitt III) das Hauptgewicht legten, keine Rede sein. Es können daher diese punischen Tetreren nur Schiffe der liburnischen Bauart gewesen sein. Der Übergang zu diesem Typus des Tetrerenbaus war auch bei einem natürlichen Entwickelungsgange der nächstliegende. Denkt man sich von einer Pentere trierischer Bauart (Blatt 5), wie sie damals allgemein im Gebrauch war, den Thalamos mit der untersten Reihe von Rudern weg, so erübrigt der Bau einer Tetrere nach liburnischer Art (Blatt 6).

X. Die Pentere liburnischer Bauart.

Es muß auffallen, daß Polybios an der oben bezeichneten Stelle seines Geschichtswerkes berichtet hat, die Römer haben nach dem Muster der erbeuteten Tetrere des Rhodiers Hannibal 200 Penteren gebaut. Es werden daher solche Penteren den Tetreren fast gleich gewesen sein. — Tatsächlich konnten auch die Tetreren liburnischer Bauart, bei einer ausreichenden Breite auf Deck, geradeso gut als Penteren wie als Tetreren verwendet werden, wenn in der Mitte des Schiffes an etwas verlängerten Rudergriffen beiderseits noch eine Reihe stehender Rudergehilfen eingestellt wurde. (Zu vergleichen mit der attischen Tetrere, Abschnitt V.)

XI. Die Hexere liburnischer Bauart.

Hierzu die Zeichnungen Blatt 7 und 8.

Als Octavian im Jahre 31 v. Chr. nach der Schlacht bei Actium die Höhe seines Glücks erreicht hatte, ließ er — als Kaiser Augustus — in der Stadt Präneste unweit Roms einen Tempel zu Ehren der Fortuna errichten. Daß an diesem Tempel auch das Prachtschiff der Königin Kleopatra, wovon das Fragment, Tafel 8, erhalten geblieben ist, als Triumph des Augustus abgebildet war, dürfte in Hinsicht auf die Erzählungen Plutarchs

(Antonius) als selbstverständlich anzusehen sein. Dieses Schiff oder eine naturgetreue Handzeichnung davon wird gewiß noch vorhanden gewesen sein, als der Fortunatempel in Präneste errichtet wurde. — Wahrscheinlich hat es mit dem fliehenden Antonius und der Kleopatra seine letzte Fahrt über See gemacht. Es ist danach vermutlich bei Alexandria auf den Strand gezogen, wo vielleicht eine Handskizze davon angefertigt wurde. Der Künstler, welcher damit betraut worden war, mag ein guter Porträtmaler, aber kein Techniker gewesen sein, denn er hat das schlachtbereit dargestellte, mit Kriegern besetzte Schiff auf dem Lande liegend gezeichnet. Das erkennt man an dem Schiffsschnabel, dessen Vorderteil bei schwimmenden Schiffen seinem Zwecke entsprechend sich nicht wie gezeichnet über der Wasserlinie, sondern unter dem Wasserspiegel befinden mußte, sowie auch an den ausgelegten auf den Strand gesetzten Rudern. Die Ruder der obersten Reihe sind eingezogen gezeichnet. Sie stehen mit den Enden der Ruderblätter unter der Parodos (dem Laufbrett außen am Schiff) hervor und zwar ganz richtig in der Lage, quer im Schiff liegend, wie ich sie bei meinen Entwickelungen in dem Abschnitt IV, 12 als die einzig mögliche erkannt habe. — Der Künstler hat sich aber bei der Anfertigung seiner Zeichnung auch damit versehen. Er hat allerdings die eingezogene Reihe von Rudern so abgezeichnet, wie er sie an dem auf dem Lande liegenden Schiffe gesehen hat, nämlich sämtliche Ruder an jener Stelle. Er hat aber das Schiff in aktivem Zustande darstellen wollen und hat deshalb die unteren zwei Reihen der Ruderer ausgelegt gezeichnet, aber ohne die Zahl der oben eingezogenen liegenden Ruder bis auf $^1/_3$ der Gesamtzahl zu verringern. Auch bei der Darstellung der ausgelegten Ruder (vielleicht hat er nur ein Ruder als Muster zum Zwecke des Abzeichnens in die ausgelegte Lage gebracht) ist ihm die Perspektive mißglückt. Mindestens doppelt so weit wie gezeichnet hätte der Abstand der Ruder voneinander erscheinen müssen. Fehlerhaft ist auch die perspektivische Zeichnung der mittschiffs auf Deck stehenden Soldaten. Diese erscheinen größer als die bis in die vorderste Bildfläche vorgetretenen Kämpfer. Daß die Beine der hinten auf Deck stehenden Soldaten zum Teil unsichtbar sind, verleitet zu der irrigen Anschauung, es sei das Oberdeck mit einer Planke — einer sog. Reling — umgeben gewesen. Das gibt das Bild aber nicht zu erkennen, wenn man berücksichtigt, daß die lotrecht auf die Bildebene gerichtete Sehlinie des Beschauers unter der Randlinie des Verdecks sich befindet und die Fußbodenfläche des Verdecks in der Perspektive nach hinten abfallend erscheinen muß. — Beachtenswert in dieser Reliefzeichnung ist das Ruderhängewerk, wozu in dem Abschnitt IV, 12 die Erklärung sich befindet.

Trotz seiner augenfälligen Zeichenfehler zeigt das Relief das deutlich sprechende Bild eines Schlachtschiffes von außerordentlicher Größe, welches in der Art seiner reichen Ornamentik als ein ägyptisches Königsschiff sich zu erkennen gibt. — Man darf vermuten, daß der Künstler mit dem weiblichen Kopfe in einer Ausguck-Kabine vorn im Schiff, und mit dem dahinter stehenden, ungerüsteten, nur mit einer Toga bekleideten Mann, die Kleopatra und den Antonio porträtiert hat.

Ich erkenne in diesem Reliefbilde eine Hexere liburnischer Bauart, mit drei Reihen von Rudern und mit mindestens sechs Reihen von Ruderleuten an jeder Seite des Schiffs. — Der dazu entworfene Bautypus der Tafel 7 paßt aber nicht nur für sechs Reihen von Ruderleuten, sondern auch für sieben und acht Reihen, ohne Änderung der Bauart und der Hauptmaße des Schiffes vornehmen zu müssen. (Plutarch, Antonius 61).

Der großen Breite der Rudergalerie entsprechend muß auch der Schiffskörper breit gewesen sein. Ich gelange mit meinen Konstruktionen bei Schiffen von solchen außerordentlichen Größen zu einer Breite von neun Metern zwischen den Planken des Schiffes. Die dazu passende Schiffslänge zwischen den Steven wird 70 bis 80 Meter gewesen sein. — Bedenken bautechnischer Art sind der verhältnismäßig großen Galeriebreite von drei Metern nicht entgegenzustellen. Tatsächlich waren die venetianischen Galerieschiffe (Galeeren) des Mittelalters, deren Größe geringer als die der Hexeren war, mit zwei Meter überstehenden Galerien gebaut, und gegenwärtig werden noch große Raddampfer verwendet, deren Gewichte der überhängenden eisernen Massen der

Ruderräder und Radkasten erheblicher sind, als die der Galerien der Schiffe des Altertums.

Die Bauart der Rudergalerie, welche ich in der Querschnittszeichnung des Blattes 7 angedeutet habe, ist eine von denen, welche die Alten bei dem Stande ihrer Technik anwenden konnten. Hatten sie eine andere Bauweise dazu gewählt, so ändert das nichts in der gesamten Einrichtung und in den Maßverhältnissen des Schiffes. Eine andere Bauart der Galerie war die der Galeeren des Mittelalters, bei denen die überstehenden Enden der Galeriebalken durch schräg an die Schiffswand gesetzte hölzerne Stützen gehalten wurden. Da solche Stützen bei Wellenschlag den Fortgang des Schiffes behinderten und in dem Relief von Präneste nicht ersichtlich sind, erscheint die Bauweise der Rekonstruktionszeichnung des Blattes 7 als diejenige, welche zu dem Reliefbilde des Blattes 8 gehört.

XII. Ungewöhnlich große Schiffe.

Im weiteren Verfolg der Geschichte erkennen wir, daß über die Schiffsgröße der Hexere hinaus einige Riesenschiffe vorübergehend in Erscheinung getreten sind, die aber niemals in der Mehrzahl genannt sind und wahrscheinlich immer nur als mißglückte Bauwerke für kurze Zeit und in beschränktem Maße Verwendung gefunden haben, bis es nicht mehr lohnte, sie in stillen Gewässern schwimmfähig zu erhalten. Die geschichtlichen Überlieferungen über derartige Auswüchse der Technik sind so unklar und lückenhaft gehalten, daß der Techniker mit solchen Unterlagen nicht wagen kann, Konstruktionen zu entwerfen.

XIII. Bemerkung über Scholien zur Geschichte des Seefahrtwesens im Altertume.

Die Scholiographen des Mittelalters haben eine Reihe von Erläuterungen in die Geschichte getragen, die nicht alle zutreffend sind und besonders in unserer Trieren-Literatur eine große Konfusion verursacht haben. Leider werden heute noch die Randbemerkungen alter Scholiasten mit der Geschichte identifiziert, ohne zu bedenken, daß sie nur Meinungen individueller Art sein können, die nicht auf Anschauung der Sache und Erfahrung darüber begründet sind! Solche Belehrungen der alten Mönche sind — soweit sie Schiffbau betreffen — nicht aus dem Leben gegriffen, sondern sie sind viele hundert Jahre später hinter Klostermauern entstanden.

1.

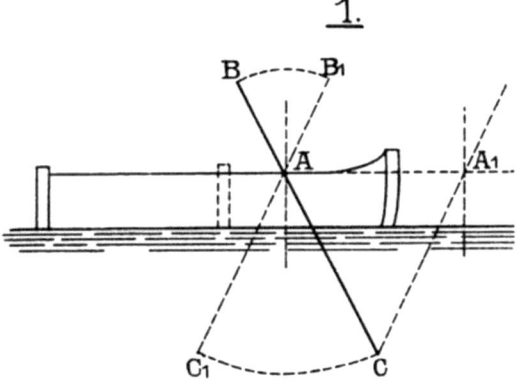

2.

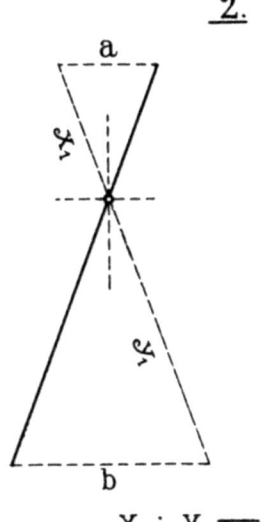

$x_1 : y_1 = x_2$

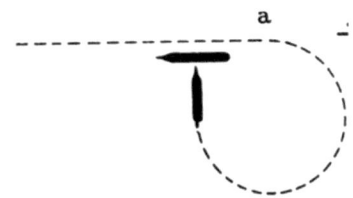

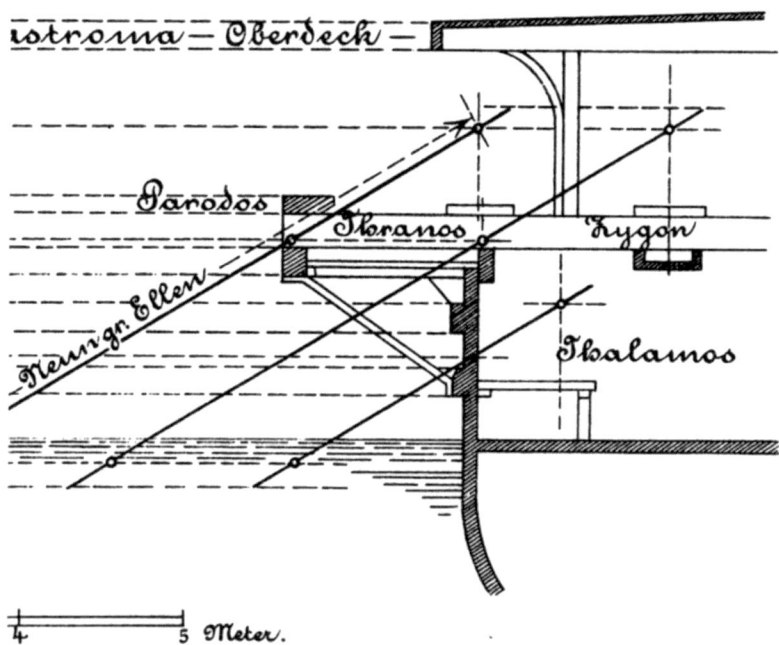

3

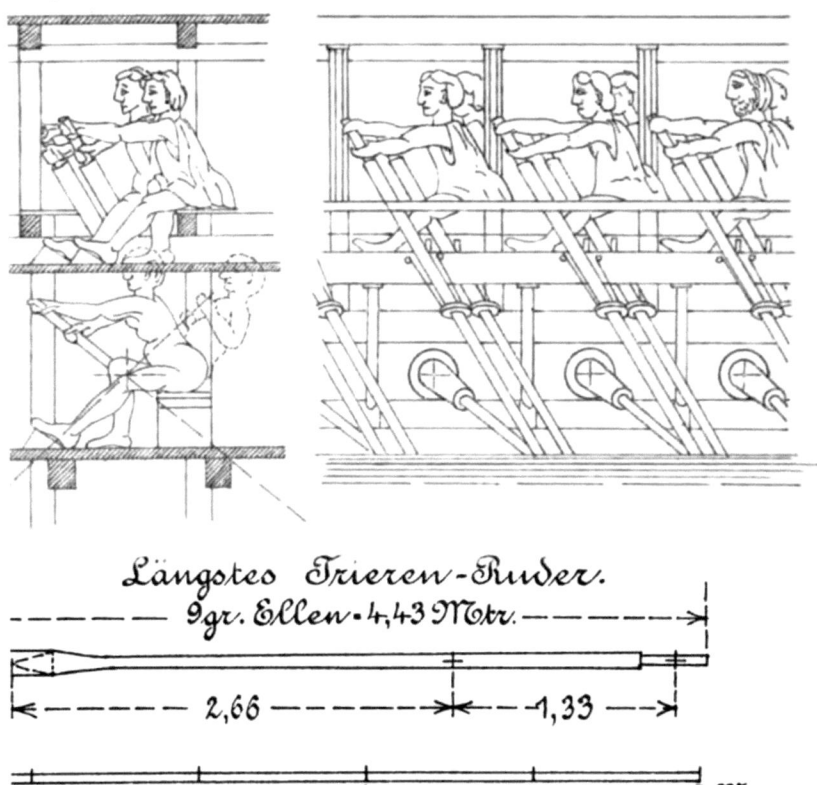

4.

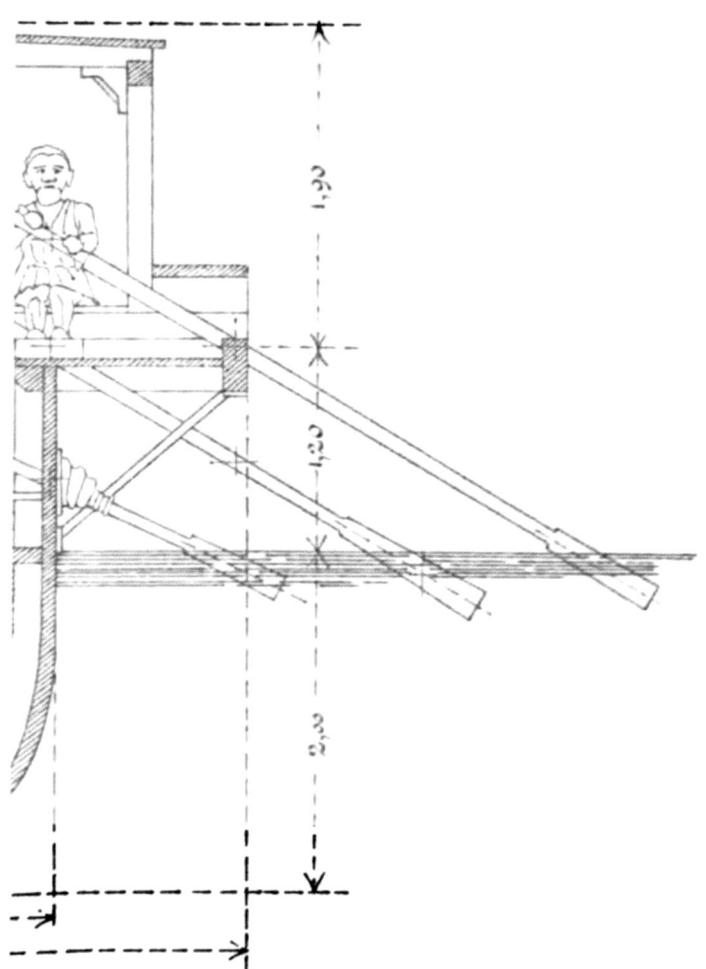

5.

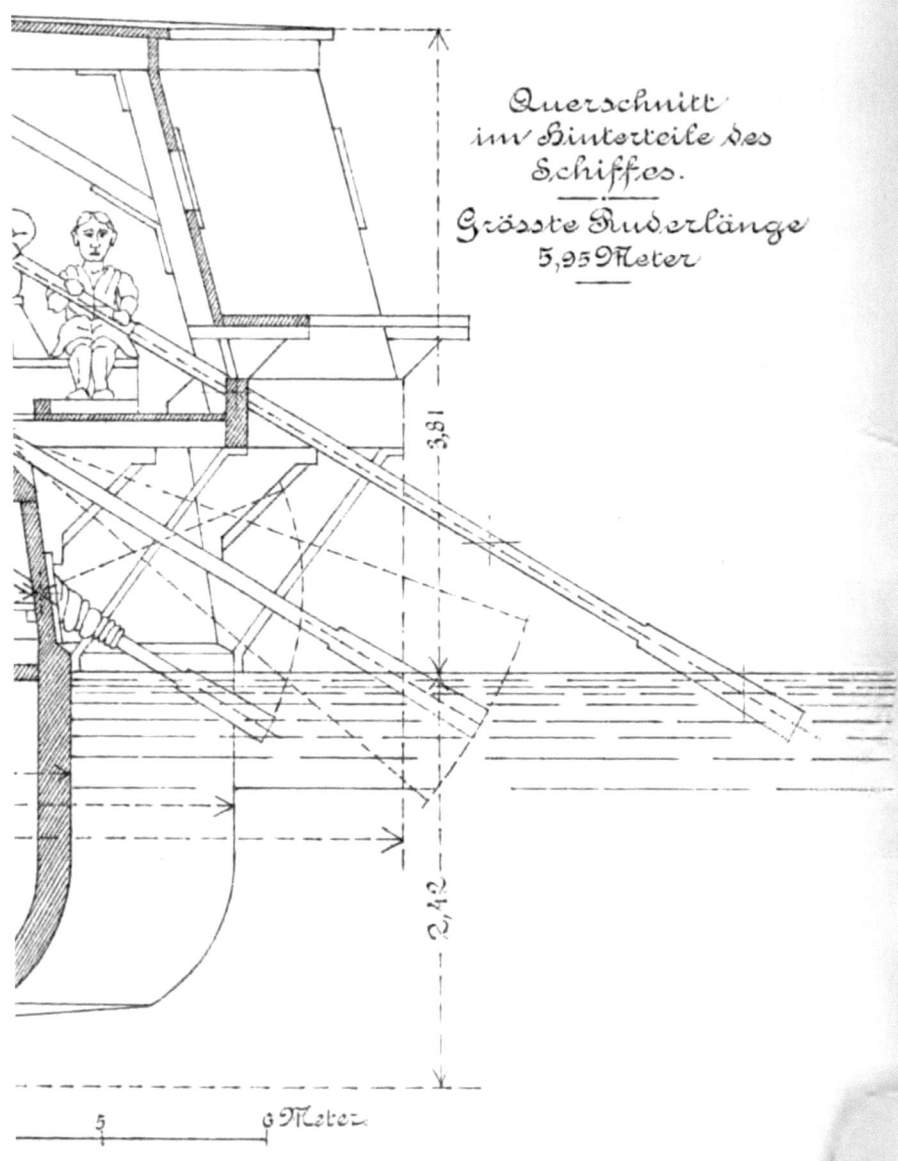

Querschnitt
im Hinterteile des
Schiffes.
Grösste Ruderlänge
5,95 Meter

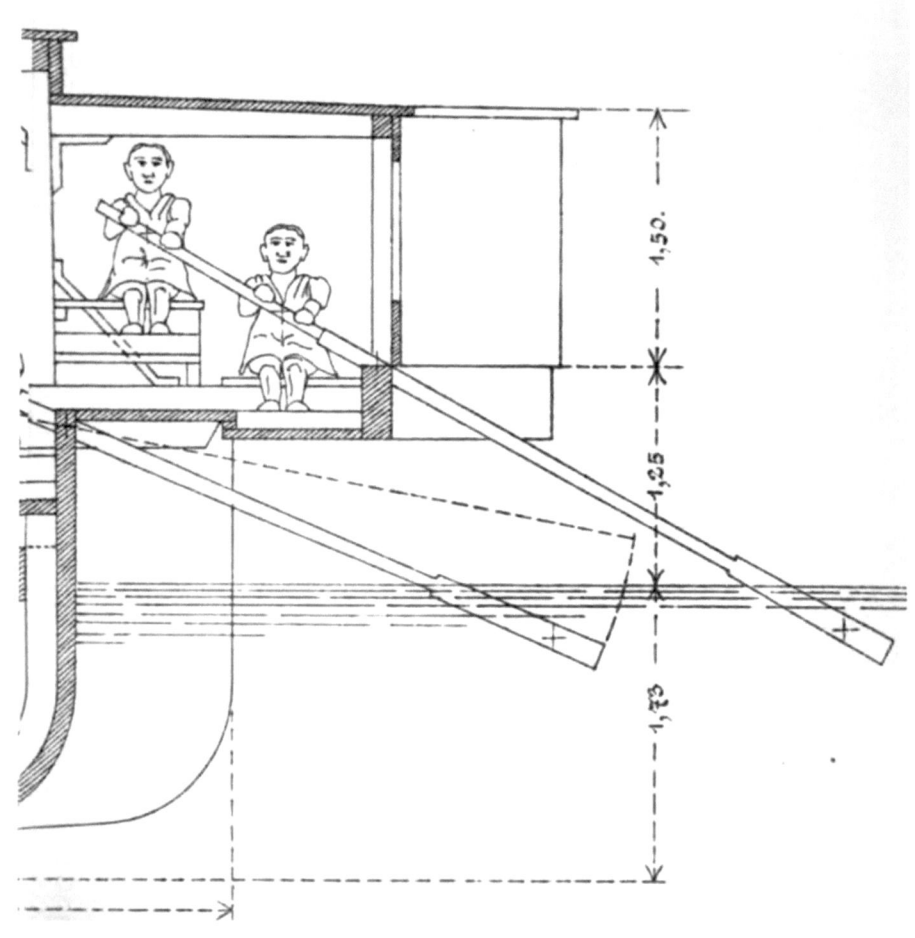